Kinder PARTY Küche

POST
VON
EUCH
BACK
STAGE
PARTY-
LÖWE

Claudia Seifert
Gesa Sander
Julia Hoersch
Nelly Mager

Kinder PARTY Küche

AT Verlag

AT Verlag, Aarau und München
Konzeption: Claudia Seifert, Gesa Sander, Julia Hoersch, Nelly Mager
Rezeptentwicklung und Foodstyling: Claudia Seifert, www.claudiaseifert.de
Fotos: Julia Hoersch, www.juliahoersch.de
Styling/Casting: Nelly Mager
Grafische Gestaltung, Illustrationen und Satz: Gesa Sander, www.gesasander.de
Lektorat: Asta Machat, München
Bildbearbeitung: Vogt-Schild Druck, Derendingen
Druck und Bindearbeiten: Firmengruppe APPL, aprinta druck, Wemding

Printed in Germany

ISBN 978-3-03800-843-9

www.at-verlag.ch

Inhalt

Hast du Lust, uns mal beim Fotografieren zuzuschauen? Hier geht's hinter die Kulissen des Titelfotos.

https://vimeo.com/173670820

Liebe Küchenfreundinnen und -freunde,

in unserem neuen Band dreht sich alles um die schönsten Tage des Jahres – die Partys! Ob drinnen oder draußen, fröhlich feiern können wir zu jeder Jahreszeit. Klar, dass dabei leckeres Essen auf keinen Fall zu kurz kommen darf. Daher stellen wir euch zu jedem Fest passende Rezepte vor: Als Astronauten könnt ihr euch in ferne Galaxien backen und erfahren, wie man im All würzt. Auf dem Fußballplatz spielt es sich mit lauter kugelrunden Leckereien gleich nochmal so gut. Im Schrebergarten zur Teeparty reichen wir Spitzenkekse, Sandwiches und saftige Beeren. Wir knabbern schaurige Gespenster-Cracker und schlürfen eisige Blutorangen-Bowle an Halloween. Natürlich muss für keine Party ein ganzes Buffet erkocht werden. Es reicht schon, sich hier und da ein, zwei Rezepte herauszupicken, um den Tag zu etwas Besonderem zu machen – und wenn es nur einer der weltbesten Geburtstagskuchen ist!

Dazu gibt es jede Menge tolle Mitmachideen, Party-Dekorationen und Einladungskarten. Und wenn ihr selbst einmal eingeladen seid, zeigen wir euch, wie ihr leckere Mitbringsel aus der Küche zaubert.

Entdecken, ausprobieren, feiern – wir wünschen euch von ganzem Herzen viel Freude dabei!

Eure Claudia, Nelly, Gesa und Julia

PS: Bei den Rezepten gibt es verschiedene Schwierigkeitsgrade, die durch Wimpel gekennzeichnet sind:

1 Wimpel = einfach, 2 Wimpel = mittel, 3 Wimpel = schwierig

Zu guter Letzt: Lest die Rezepte immer gut durch, bevor ihr startet, dann kann nix schiefgehen.

NEULICH IM DSCHUNGEL

So geht's:

1. Schneide die Butter in Würfel. Vermische Mehl, Butterwürfel, Ei und Zucker in einer Schüssel. Mixe alle Zutaten mit den Knethaken des Mixers zu einem glatten Teig. Schneide 1/3 des Teiges ab und knete das Kakaopulver darunter. Nun wickle beide Teige jeweils in Frischhaltefolie und lass sie 1 Stunde im Kühlschrank ruhen.

2. Belege ein Backblech mit Backpapier. Rolle den hellen Teig auf einer bemehlten Arbeitsfläche zu einer 25 cm langen Rolle aus. Rolle den dunklen Teig auf die Größe von 25 x 10 cm aus. Bestreiche den dunklen Teig mit einem Küchenpinsel mit Wasser. Leg ihn als Ring um den hellen Teig und drück ihn gut an. Schneide 15 Scheiben aus der Rolle. Heize den Backofen auf 190 Grad (Umluft 170 Grad) vor.

3. Verteile die Kekse auf dem Backblech und backe die Kekse 15 Minuten im heißen Ofen. Das Blech mit Backhandschuhen herausnehmen und die Kekse abkühlen lassen.

4. Erhitze nun Wasser in einem Topf und zieh den Topf mit dem heißen Wasser vom Herd. Zerkleinere die Schokolade und gib sie in eine Edelstahlschüssel. Stelle die Schüssel auf den Topf mit dem heißen Wasser.

5. Verteile die Schokoladenstreusel auf einem Teller. Schneide die Haselnüsse in Scheiben. Wenn die Schokolade geschmolzen ist, ziehst du die Kekse einmal rundherum mit dem Rand durch die flüssige Schokolade. Danach rollst du sie mit dem Rand durch die Schokoladenstreusel. Wieder zurück auf das Backpapier legen und die Schokolade trocknen lassen. Fülle die übrig gebliebene flüssige Schokolade in einen kleinen Gefrierbeutel und schneide eine sehr kleine Ecke ab. Nun kannst du mit der flüssigen Schokolade Löwengesichter und 2 Schokopunkte als Ohren auf die Kekse malen. Setze je 1 Schokoladenperle als Nase darauf und jeweils 2 Haselnussscheiben auf die Ohren. Lass die Kekse abkühlen.

KLEINE LÖWENKEKSE

Für 15 Kekse
Zubereitungszeit: 2 Stunden, plus 1 Stunde Kühlen, 15 Minuten Backen

Für die Kekse
125 g kalte Butter
250 g Weizenmehl (Type 405)
1 Ei (mittlere Größe)
75 g Zucker
2 TL Kakaopulver
Mehl für die Arbeitsfläche

Zum Dekorieren
120 g Vollmilchkuvertüre
60 g Schokoladenstreusel
20 Schokoladenperlen
10 Haselnüsse

1 kleiner Gefrierbeutel

GREEN-KIWI-DSCHUNGEL-SMOOTHIE

Ergibt 6 Portionen
Zubereitungszeit: 30 Minuten

4 Kiwis
1 Apfel
3 Zweige Minze
2 Bananen
3 EL flüssiger Honig
500 ml Kokosnusswasser

6 kleine Flaschen

So geht's:

1. Schäle die Kiwis und schneide sie in Stücke. Schneide den Apfel in Stücke und löse die Kerne heraus. Schneide die Bananen in Stücke. Zupfe die Minzblätter ab. Nun mische alle Zutaten in einem hohen Gefäß und püriere sie fein mit dem Pürierstab.

2. Den Smoothie füllst du mit einem Trichter in die Flaschen ab.

Für 6 Personen
Zubereitungszeit: 1 Stunde,
plus 1 Stunde Marinieren

Für die Putenbruststreifen

2 Knoblauchzehen
1 unbehandelte Limette
300 ml Kokosmilch
2 EL Sojasauce
500 g Putenbrust
2 EL Sesamöl

Für den Dip

200 g Erdnussbutter
1 Msp. Chiliflocken
Salz
1 Beet Kresse

Holzspieße

So geht's:

1. Weiche als Erstes die Spieße in kaltem Wasser ein. Schäle den Knoblauch und hacke ihn fein. Reibe die Schale der Limette auf der feinen Seite der Küchenreibe ab und presse den Saft aus (den Saft hebst du für den Dip auf). Verrühre nun in einer Schüssel 200 ml Kokosmilch, Knoblauch, Limettenschale und Sojasauce. Schneide die Putenbrust in 10 cm lange und 2 cm breite Streifen. Nun vermischst du die Putenbruststreifen mit der Kokosmilchmarinade und stellst sie abgedeckt für 1 Stunde in den Kühlschrank.

2. In der Zwischenzeit kannst du den Erdnussdip zubereiten: Verrühre Erdnussbutter, Limettensaft, Chiliflocken, Salz und die restlichen 100 ml Kokosmilch in einer Schüssel.

3. Nimm das Fleisch aus der Marinade und stecke es wellenförmig auf die Spieße. Erhitze das Sesamöl in einer großen Pfanne. Brate alle Spieße rundherum an und serviere sie mit dem Dip. Die Kresse vom Beet schneiden und darüber streuen.

SATÉ-SPIESSE MIT ERDNUSSDIP

So geht's:

1. Schäle die Süßkartoffeln und schneide sie in etwa 1 cm große Würfel. Schäle die Zwiebel und schneide sie in Ringe. Nun schälst du auch die Knoblauchzehen und hackst sie fein. Halbiere die Paprika, entferne die Kerne und schneide die Paprika in etwa 1 cm große Würfel. Halbiere die Chili längs und löse mit einem kleinen Löffel die Kerne heraus. Nun schneide die Chili in kleine Stücke. Danach sofort die Hände waschen und mit den Fingern ja nicht die Augen berühren (das brennt nämlich ganz schön)!

2. Erhitze das Olivenöl in einem Topf. Röste die Süßkartoffeln zusammen mit Zwiebel, Knoblauch, Paprika, Chili, Paprika- und Currypulver an. Jetzt fügst du die stückigen Tomaten und die Gemüsebrühe hinzu und lässt den Eintopf 10 Minuten bei geringer Temperatur kochen. Gieß die Kidneybohnen in ein Sieb ab und gib sie zu dem Gemüse-Chili-Eintopf. Das Chili weitere 5 Minuten kochen.

3. Jetzt ist es fertig, und du kannst es mit Crème fraîche und Tortilla-Chips servieren.

GEMÜSE-CHILI-EINTOPF

Für 6 Personen
Zubereitungszeit:
1 Stunde 30 Minuten

500 g Süßkartoffeln
1 rote Zwiebel
2 Knoblauchzehen
1 rote und 1 gelbe Paprikaschote
1 kleine, rote Chilischote
3 EL Olivenöl
1 TL mildes Paprikapulver
1 TL Currypulver
850 ml stückige Tomaten
750 ml Gemüsebrühe
2 Dosen rote Kidneybohnen
(je 425 ml Inhalt,
Abtropfgewicht 255 g)

100 g Crème fraîche
100 g Tortilla-Chips

LEOPARDEN-TOASTBROT

Für 1 Leoparden-Toastbrot
Zubereitungszeit: 1 Stunde 15 Minuten, plus 1 Stunde Ruhenlassen und 45 Minuten Backen

- 80 g Butter
- 250 ml Milch plus 6 EL Milch
- 20 g frische Hefe
- 450 g Mehl
- 25 g Speisestärke
- 70 g Zucker
- 1 Prise Salz
- 6 TL Kakaopulver
- 1 TL gemahlener Zimt
- Mehl für die Arbeitsfläche

1 Kastenform (25 x 10 cm)

So geht's:

1. Erwärme 50 g Butter und 250 ml Milch in einem Topf (nur erwärmen, nicht kochen!). Zerbröckle die Hefe mit den Händen in einer Schüssel. Füge Mehl, Speisestärke, Zucker und 1 Prise Salz hinzu und vermische alles. Schütte nun die lauwarme Milch dazu und mische die Zutaten mit den Knethaken des Mixers zu einem glatten Teig. Nun halbierst du den Teig; die eine Hälfte stellst du zur Seite.

2. Die andere Hälfte des Teigs halbierst du nochmals. Mische den einen Teil mit 5 TL Kakaopulver, 4 EL Milch und den anderen Teil mit 1 TL Zimt, 2 EL Milch und 1 TL Kakaopulver. Rolle aus beiden braunen Teigen jeweils 7 Kugeln. Aus dem hellen Teig rollst du ebenfalls 7 Kugeln. Lasse alle drei Teige zugedeckt an einem warmen Ort 1 Stunde aufgehen.

3. Rolle die hellbraunen Teigkugeln zu 25 cm langen Rollen (so lang wie die Kastenform). Die dunkelbraunen Teigkugeln rollst du nacheinander auf einer leicht bemehlten Arbeitsfläche ebenfalls 25 cm lang und 5 cm breit aus. Wickle den Teig jeweils um eine hellbraune Teigrolle.

4. Rolle nun auch noch die hellen Teigkugeln 25 cm lang und 8 cm breit aus. Wickle den hellen Teig um die dunklen Rollen. Jetzt fettest du eine Kastenform mit Butter ein. Setze alle Rollen in die Kastenform und lass den Teig an einem warmen Ort für 30 Minuten zugedeckt stehen.

5. Heize den Backofen auf 180 Grad (Umluft 160 Grad) vor und backe das Leoparden-Toastbrot 45 Minuten im heißen Ofen. Mit Backhandschuhen aus dem Ofen nehmen und abkühlen lassen.

KOKOS-GEMÜSE-SUPPE
MIT CASHEWKERNEN

Für 6 Personen
Zubereitungszeit: 1 Stunde

350 g Karotten
200 g Süßkartoffeln
1 Zwiebel
1 Knoblauchzehe
20 g frische Ingwerwurzel
¼ Stange Zitronengras
4 EL Olivenöl
2 TL Currypulver
850 ml Gemüsebrühe (warmes Wasser mit 2 TL Gemüsebrühepulver verrührt)
250 ml Kokosmilch
1 EL Limettensaft
Salz, Pfeffer

100 g Cashewkerne
½ Bund Schnittlauch

So geht's:

1. Schäle die Karotten und die Süßkartoffeln und schneide beides in Stücke. Schäle die Zwiebel und würfle sie. Schäle den Knoblauch und hacke ihn grob, ebenso den Ingwer. Schneide das Zitronengras in feine Ringe.

2. Jetzt erhitzt du in einem Topf 2 EL Olivenöl. Röste Karotten, Süßkartoffeln, Zwiebel, Knoblauch, Zitronengras und Ingwer mit 1 TL Currypulver an. Schütte die Gemüsebrühe und die Kokosmilch dazu und lass die Suppe zugedeckt 20 Minuten kochen.

3. Gib Limettensaft, Salz und Pfeffer dazu und püriere die Suppe mit dem Pürierstab fein.

4. Erhitze 2 Esslöffel Olivenöl in einer Pfanne und röste die Cashewnüsse. Mit 1 TL Currypulver und etwas Salz würzen. Nimm die Nüsse aus der Pfanne und verteile sie über der Suppe. Schneide den Schnittlauch in kleine Röllchen und streue ihn darüber.

LIANEN-BLÄTTER-SALAT

Für 6 Personen
Zubereitungszeit: 1 Stunde

__Für die Nudeln__
500 g dünne grüne Nudeln
(z. B. Linguine)
Salz
2 Frühlingszwiebeln
1 Knoblauchzehe
300 g Champignons
3 große Tomaten
2 EL Olivenöl

__Für das Dressing__
2 EL Sojasauce
2 EL Sesamöl
3 EL Limettensaft
1 EL Honig
1 EL Erdnussbutter
1 TL Sesamsamen

1 Bund Basilikum

So geht's:

1. Koche die Nudeln 10 Minuten in Salzwasser. Danach gießt du sie in ein Sieb und schreckst sie mit kaltem Wasser ab. Schneide nun die Frühlingszwiebeln in feine Ringe. Schäle den Knoblauch und hacke ihn fein. Schneide die Champignons in dünne Scheiben. Schneide die Tomaten in Stücke.

2. Erhitze 2 EL Olivenöl in einer Pfanne. Röste Frühlingszwiebeln, Knoblauch, Champignons und Tomaten an.

3. Verrühre Sojasauce, Sesamöl, Limettensaft, Honig, Erdnussbutter und Sesam in einer Schüssel.

4. Mische zum Schluss die Nudeln und das Gemüse mit dem Dressing. Zupfe die Basilikumblätter ab und streue sie über den Salat.

TIERISCHE SNACKS MIT TROPENWASSER

Für 6 Personen
Zubereitungszeit: 20 Minuten

Für die Snacks

200 g getrocknete Bananen
100 g Kokos-Chips
100 g ungesalzene Erdnüsse
Butterbrottüten

Für das Tropenwasser

2 l Kokoswasser (das bekommst du im Asialaden, in Drogeriemärkten oder im Bioladen)
6 kleine, beschreibbare Aufkleber
6 kleine Flaschen

So geht's:

1. Mische alle Zutaten für die Snacks und fülle sie in Tüten.
2. Fülle das Kokoswasser mit einem Trichter in die Flaschen. Beschrifte nun kleine Aufkleber mit dem Wort »Tropenwasser« und klebe sie auf die Flaschen.

INSEKTEN-KEKSE

Für 10–15 Kekse
Zubereitungszeit: 1 Stunde, plus 1 Stunde Kühlen, 15 Minuten Backen

125 g kalte Butter
250 g Weizenmehl (Type 405)
1 Päckchen Vanillezucker
1 Ei (mittlere Größe)
125 g Zucker
1 TL Kakaopulver
Mehl für die Arbeitsfläche

Spielzeug-Insekten aus Plastik für den Abdruck

So geht's:

1. Schneide die Butter in kleine Würfel. Vermische Mehl, Butterwürfel, Vanillezucker, Ei und Zucker in einer Schüssel. Mixe alle Zutaten mit den Knethaken des Mixers zu einem glatten Teig. Halbiere den Teig und knete unter eine Hälfte das Kakaopulver. Nun wickle den Teig in Frischhaltefolie und lass ihn 1 Stunde im Kühlschrank ruhen.

2. Belege zwei Backbleche mit Backpapier. Rolle beide Teige auf einer bemehlten Arbeitsfläche aus. Schneide Kreise von 8 cm Durchmesser aus (z. B. mit der Öffnung eines Bechers) und auch kleinere (etwa 4 cm Durchmesser). Drücke die Insekten in den Keks, sodass du einen klaren Abdruck erhältst. Heize den Backofen auf 190 Grad (Umluft 170 Grad) vor.

3. Verteile die Kekse auf die 2 Backbleche und backe die Kekse 15 Minuten im heißen Ofen. Die Bleche mit Backhandschuhen herausnehmen und die Kekse abkühlen lassen.

https://vimeo.com/173764770

Falls du Interesse an einer Dschungel-Tour hast: Hier könntest du direkt zu den Tierkindern in unseren Urwald rüber hüpfen.

Für 6 Personen
Zubereitungszeit: 25 Minuten

500 g Speisequark (20 % Fett)
6 EL flüssiger Honig
150 ml Kokosmilch
100 ml Schokoladensauce
150 g Brombeeren (du kannst auch tiefgefrorene Brombeeren nehmen, diese auftauen lassen)

3 Zweige Minze, Blätter abgezupft
30 g Kokos-Chips (die bekommst du im Reformhaus oder im Bioladen)

So geht's:

1. Verrühre Quark, Honig und Kokosmilch.
2. Verteile die Schokoladensauce und die Quarkcreme auf 6 Gläser. Streue die Brombeeren und die Minzeblättchen darauf. Zum Schluss kommen die Kokos-Chips darüber.

URWALDCREME

MIT BROMBEEREN, MINZE UND KOKOS-CHIPS

NOTAUSGANG

Dschungeldekoration

Falls dir der Weg in den Dschungel zu weit sein sollte, kannst du dir ganz leicht eine tolle Dekoration für zu Hause basteln.

Dafür brauchst du:
feste grüne Pappe (am schönsten wird es in verschiedenen Grüntönen)
Bleistift
Lineal
Schere
Maskingtape in Grün oder Braun (das lässt sich nach der Party leicht wieder ablösen, ohne dass die Wand Schaden nimmt)

Für eine Liane brauchst du zusätzlich:
dicke Wolle oder Paketschnur in Braun oder Grün

Male die Umrisse verschiedener Blattformen mit dem Bleistift auf die Pappe – so groß, wie du sie später haben möchtest (für die Wanddekoration sollte ein Blatt mindestens 20 cm lang sein). Du findest hier einige Blattformen als Vorlage. Schneide sie mit der Schere aus. Nun hast du eine Schablone und kannst sie immer wieder auf die Pappe legen und drum herum malen, bis du genügend Blätter zusammen hast.
Schneide nun alle Blätter aus. Falte sie in der Mitte, da wo bei einem echten Blatt der Stiel hindurchgeht. So stehen sie später schön von der Wand ab. Die Blätter klebst du mit dem Maskingtape einfach an die Wand oder an eine Schnur, die du vorher im Raum oder an der Wand gespannt hast.

Abenteuerliches Fernglas

Für ein Spitzenfernglas, mit dem du die Tiere im Dschungel beobachten kannst, benötigst du:
2 leere Toilettenpapier-Papprollen
1 oder 2 breite Gummibandringe
eventuell farbiges Tape, buntes Papier oder Farbe zum Verzieren
eventuell ein hübsches Band, um das Fernglas um den Hals zu hängen
1 spitze Nadel

Verbinde die beiden Papprollen mit dem Gummiring, fertig ist das Fernglas.
Wenn du möchtest, kannst du es noch verzieren. Vielleicht soll jedes Kind auf der Party ein unterschiedliches Fernglas bekommen? Du könntest auch den Namen des Kindes draufschreiben. Wenn du das Fernglas umhängen möchtest, machst du mit einer Nadel an einem Ende zwei Löcher in die Rollen und knotest ein Band daran fest.

DIE WELTBESTEN GEBURSTAGSKUCHEN

HIMBEER-SCHOKOLADEN-VANILLE-GUGELHUPF

Für 1 Kuchen mit 16 Stücken
Zubereitungszeit:
1 Stunde 30 Minuten,
plus 1 Stunde Backen

400 g weiche Butter
300 g Zucker
8 Eier (mittlere Größe)
3 Päckchen Vanillezucker
1 Päckchen Backpulver
650 g Dinkelmehl (Type 630)
oder Weizenmehl (Type 405)
150 ml Milch
120 g Himbeeren (frische oder tiefgekühlte aufgetaut)
2 EL Kakaopulver
2 Tropfen rote Lebensmittelfarbe

100 g Puderzucker für den Guss
2 EL Kokos-Chips zum Dekorieren (aus dem Reformhaus oder Bioladen)

Wunderkerzen
1 Gugelhupfbackform

So geht's:

1. Schneide 375 g Butter in Würfel. Gib die Butter und den Zucker in eine Schüssel und schlage die Buttermischung mit den Schneebesen des Mixers so lange, bis die Buttermischung weißlich und schaumig ist. Das dauert etwa 5 Minuten. Rühre dann nach und nach die Eier einzeln ein. Mische Vanillezucker, Backpulver und Mehl. Und nun wieder mit den Schneebesen des Mixers die Buttermischung, die Mehlmischung und die Milch verrühren.

2. Mixe die Himbeeren mit dem Pürierstab in einem hohen Gefäß. Teile den Teig in drei Teile. Den ersten Teil vermischst du mit dem Kakaopulver. Den zweiten Teil vermischst du mit dem Himbeerpüree und der roten Lebensmittelfarbe. Den dritten Teil lässt du so.

3. Heize den Backofen auf 180 Grad (Umluft 160 Grad) vor. Fette die Gugelhupfbackform mit den restlichen 25 g Butter ein. Fülle die drei Teige abwechselnd in Schichten in die Backform, sodass du von beiden Sorten Teig je 2 Schichten hast.

4. Backe den Kuchen 60 Minuten. Den Kuchen mit Backhandschuhen aus dem Ofen nehmen und etwas abkühlen lassen. Dann auf einen Teller stürzen.

5. Für den Guss verrührst du den Puderzucker und 1–2 EL Wasser mit den Schneebesen des Mixers. Verteile den Guss auf dem Kuchen und bestreue ihn mit den Kokos-Chips.

SAUERKIRSCH – KÄSEKUCHEN

Für 1 Kuchen mit 16 Stücken
Zubereitungszeit: 1 Stunde,
plus 1 Stunde Backen

280 g Zucker
100 g gefrorene Sauerkirschen, entsteint
1 TL Speisestärke
4 Eier (mittlere Größe)
250 g weiche Butter
750 g Speisequark (Magerstufe)
150 g Weichweizengrieß
1 Päckchen Vanillezucker
1 Päckchen Backpulver
1 Päckchen Vanillepuddingpulver
2 EL Puderzucker zum Bestäuben

1 eckige Backform (28 x 18 cm)
Geburtstagskerzen

So geht's:

1. Erhitze 30 g Zucker und die Sauerkirschen in einem kleinen Topf. Verrühre die Speisestärke mit 3 EL kaltem Wasser. Nun rührst du die Stärke unter die heißen Sauerkirschen und lässt sie einmal aufkochen. Ziehe den Topf vom Herd und püriere die Kirschen mit dem Pürierstab.

2. Trenne Eiweiß und Eigelb und gib das Eiweiß in eine fettfreie Schüssel (die Schüssel dazu richtig gut ausspülen und trocken wischen, sonst wird das Eiweiß nicht steif). Das Eigelb gibst du in eine kleine Schale. Jetzt schlägst du das Eiweiß mit den Schneebesen des Mixers richtig steif.

3. Mische die Butter und 250 g Zucker in einer Schüssel und schlage sie mit den Schneebesen des Mixers, bis die Masse weiß und schaumig ist (Geduld, das dauert eine Weile!). Nun fügst du die Eigelbe hinzu und rührst sie darunter. Schließlich rührst du den Quark darunter. In einer separaten Schüssel mischst du Grieß, Vanillezucker, Backpulver und Puddingpulver. Rühre die Grießmischung in die Quarkmischung und hebe den Eischnee ganz vorsichtig mit einem Schneebesen darunter.

4. Heize den Backofen auf 180 Grad (Umluft 160 Grad) vor. Lege die Backform mit Backpapier aus. Fülle den Quarkteig ein. Setze in 4 Reihen Punkte mit je 1 TL Sauerkirschpüree auf den Teig. Nimm ein langes Holzstäbchen und zieh das Kirschpüree einmal durch den Teig. Backe den Kuchen 60 Minuten im heißen Ofen. Wenn du den Kuchen mit Umluftthitze bäckst, dann braucht er nur 45 Minuten.

5. Den Kuchen nach Ende der Backzeit mit Backhandschuhen aus dem Ofen nehmen und abkühlen lassen. Fülle den Puderzucker in ein kleines Sieb und bestäube den Kuchen damit. Setze so viele Geburtstagskerzen darauf, wie das Geburtstagskind Jahre zählt.

Wer hat
von
meinem
Tellerchen

BLAUBEER – BAISER – TÖRTCHEN

Für 4 Törtchen
Zubereitungszeit: 1 Stunde, plus 30 Minuten Backen

2 Eier (mittlere Größe)
75 g kalte Butter
150 g Mehl
90 g Zucker
1 EL kaltes Wasser
400 g Blaubeeren
2 EL Zitronensaft
1 Päckchen Vanillezucker
4 EL gemahlene Mandeln
Mehl für die Arbeitsfläche

4 kleine Tartelette-Förmchen (12 cm Durchmesser)

So geht's:

1. Trenne die Eier in Eiweiß und Eigelb. Gib das Eiweiß in eine ganz saubere, fettfreie und trockene Schüssel. Schneide die Butter in kleine Würfel. Vermische Mehl, 40 g Zucker, 1 EL kaltes Wasser und die Butterwürfel in einer zweiten Schüssel und verknete alles mit den Knethaken des Mixers zu einem glatten Teig.

2. Nimm die Schüssel mit dem Eiweiß, füge 50 g Zucker hinzu und schlage das Eiweiß mit den Quirlen des Mixers 5 Minuten zu steifem Eischnee.

3. Wasche die Blaubeeren. Vermische sie mit Zitronensaft und Vanillezucker.

4. Rolle nun den Teig mit einem Nudelholz auf einer bemehlten Arbeitsfläche so groß aus, dass du 4 gleich große Kreise ausschneiden kannst. Fette die 4 Förmchen mit etwas Butter und lege die Teigkreise hinein. Streue auf den Boden jeder Form 1 EL gemahlene Mandeln und verteile die Blaubeeren darauf. Zum Schluss setzt du mit einem Löffel den Eischnee darauf, sodass sich schöne Spitzen bilden.

5. Nun ab in den Ofen und bei 180 Grad (Umluft 160 Grad) 30 Minuten backen. Dabei nach 15 Minuten die Törtchen mit Backpapier abdecken, damit sie nicht zu dunkel werden.

OBST-TORTE

Für 1 Obsttorte
Zubereitungszeit: 45 Minuten

1 kleine Wassermelone
½ Cantaloupe-Melone
3 Kiwis
1 Baby-Ananas
15 Blaubeeren
2 Rispen Johannisbeeren

1 Ausstecher in Sternform

So geht's:

1. Schäle die Wassermelone und schneide daraus 2 schöne Scheiben; die schwarzen Kerne herausklauben. Schneide einen Ring etwas kleiner als den ersten. Schäle nun die Cantaloupe-Melone und schneide daraus eine Scheibe von etwa 8 cm Durchmesser und eine weitere von 3–4 cm Durchmesser; die Kerne löst du mit einem Löffel aus dem Fruchtfleisch.

2. Schäle die Kiwis, schneide sie in Scheiben und steche daraus mit dem Ausstecher Sterne aus.

3. Nun schälst du die Schale der Ananas ab und schneidest quer eine Scheibe heraus. Setze nun die Obstscheiben, ganz wie du magst, zu einer Schichttorte zusammen und dekoriere sie mit den Blaubeeren und Johannisbeeren.
Aus allen Obstresten kannst du einen Obstsalat zubereiten.

Falls dir das Tupfenrezept zu lange dauert, kannst du auch gekaufte Tupfen auf die Torte setzen.

BAISERTUPFEN

Für 30–40 Baisertupfen
Zubereitungszeit: 45 Minuten, plus 2 Stunden Trocknen

1 Eiweiß von 1 Ei (mittlere Größe)
40 g Zucker
½ TL Zitronensaft
je 1 Msp. rote und lila Lebensmittelfarbe

Spritzbeutel mit Verziertülle

So geht's:

1. Schlage das Eiweiß und den Zucker in einer fettfreien Schüssel mit den Schneebesen des Mixers richtig steif. Quirle zum Schluss den Zitronensaft unter den Eischnee. Halbiere nun die Masse und vermische die eine Hälfte mit roter und die andere Hälfte mit lila Lebensmittelfarbe.

2. Belege 2 Backbleche mit Backpapier. Setze eine Verziertülle in einen Spritzbeutel und fülle erst den roten Eischnee ein. Spritze Tupfen in verschiedenen Größen auf das Backpapier. Nun füllst du den lila Eischnee nach und spritzt auch diese Tupfen auf das Backpapier.

3. Im heißen Ofen bei 100 Grad (Umluft 80 Grad) 2 Stunden trocknen lassen.

Für 1 Torte
Zubereitungszeit:
2 Stunden 30 Minuten
plus 35 Minuten Backen

BISKUITTORTE MIT BAISERTUPFEN

Für den Biskuit
8 Eier (mittlere Größe)
8 EL heißes Wasser
200 g Zucker
4 TL Backpulver
200 g Weizenmehl
2 Päckchen Vanillezucker
200 g Speisestärke

Für die Füllung
1 Glas Nutella (450 g)
200 g Himbeermarmelade
300 g Schlagsahne
3 Päckchen Vanillezucker
2 Päckchen Sahnesteif
100 g gefrorene Himbeeren
30 g bunte Zuckerperlen
zum Dekorieren

1 Springform von
28 cm Durchmesser
1 Springform von
22 cm Durchmesser

So geht's:

1. Zuerst die Baisertupfen aus dem Rezept (linke Seite) zubereiten.

2. Belege die Böden beider Backformen mit Backpapier und setze die Backformringe auf. Nun fettest du den Rand mit etwas Butter.

3. Schlage die Eier mit dem heißen Wasser und dem Zucker 5 Minuten mit den Schneebesen des Mixers schaumig.

4. Heize den Backofen auf 180 Grad (Umluft 160 Grad) vor. Mische Backpulver, Mehl, Vanillezucker und Speisestärke in einer Schüssel. Nun rührst du den Eischaum mit einem Schneebesen unter die Mehlmischung. Verteile den Teig auf beide Backformen. Backe die Böden 35 Minuten im heißen Ofen.

5. Die Backformen mit Backhandschuhen aus dem Ofen nehmen und abkühlen lassen. Nun fährst du mit einem Messer den Rand entlang, damit sich die Kuchen besser lösen, nimmst sie aus den Formen und lässt sie komplett abkühlen. Dann schneidest du jeden Boden mit einem großen Messer zweimal quer durch. Dabei lässt du dir am besten von einem Erwachsenen helfen.

6. Bestreiche nun die Böden abwechselnd mit Nutella und Himbeermarmelade. Setze erst die beiden größeren Böden auf eine Kuchenplatte und danach die kleinen aufeinander. So entsteht ein Kuchenturm.

7. Nun gibst du die Sahne mit dem Vanillezucker und dem Sahnesteif in eine Schüssel und schlägst sie mit den Schneebesen des Mixers steif. Die gefrorenen Himbeeren darunterrühren. Streiche die Torte rundherum mit der Sahne ein, am besten geht das mit einem Teigschaber, den du immer wieder in einen Krug mit heißem Wasser tauchst.

8. Zum Schluss die Baisertupfen darauf verteilen und die Torte mit Zuckerperlen bestreuen.

SCHOKOLADEN-APFEL-KUCHEN MIT KARAMELL-POPCORN

Für 1 Kuchen mit 12 Stücken
Zubereitungszeit: 1 Stunde,
plus 1 Stunde Backen

Für den Kuchen
270 g weiche Butter
250 g Zucker
4 Eier (mittlere Größe)
400 g Weizenmehl (Type 405)
30 g Kakaopulver
3 TL Backpulver
100 g Nutella
200 ml Milch
2 EL Apfelmus

Zum Dekorieren
100 g Vollmilchkuvertüre
150 g Schlagsahne
100 g frisches Popcorn

1 runde Fußball-Backform oder
1 runde Backform von
26 cm Durchmesser

So geht's:

1. Gib 250 g Butter und 200 g Zucker in eine Schüssel. Schlage die Buttermischung mit den Schneebesen des Mixers, bis sie weiß und schaumig ist. Füge nun die Eier nacheinander hinzu. Mische Mehl, Kakaopulver und Backpulver in einer zweiten Schüssel. Rühre die Mehlmischung, das Nutella, die Milch und das Apfelmus mit den Quirlen des Mixers dazu.

2. Fette die Backform mit der restlichen Butter (20 g) und fülle den Teig ein. Den Kuchen bei 180 Grad (Umluft 160 Grad) 60 Minuten backen.

3. Schmilz 50 g Zucker in einem kleinen Topf zu Karamell (Achtung, das wird sehr heiß, es ist wichtig, dass eine erwachsene Person dabei ist). Schütte die Schlagsahne dazu und lass sie so lange kochen, bis sich der Karamell gelöst hat. Die Karamellsauce lässt du kurz abkühlen und vermischst sie dann gut mit dem Popcorn.

4. Gib die Kuvertüre in eine Edelstahlschüssel. Koche einen Topf Wasser auf, ziehe ihn vom Herd und setze die Edelstahlschüssel darauf und lass die Schokolade langsam schmelzen. Wenn sie geschmolzen ist, die Schokolade auf den gestürzten Kuchen gießen und das Popcorn auf dem Kuchen verteilen.

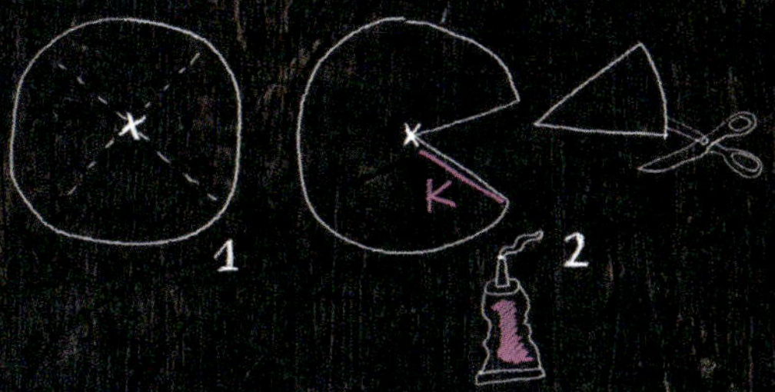

Partyhut

Dass heute ein ganz besonderer Tag für dich ist, sollte jeder schon von Weitem sehen – schließlich bist du der Geburtstagskönig!

Für deinen Partyhut brauchst du:

bunte Pappe oder sehr festes Geschenkpapier
Teller als Schablone oder Zirkel
Bleistift
Schere
Klebstoff oder Klebestift
Maskingtape oder Klebefilm
eventuell Deko (z. B. Blumen, Geschenkpapier, Klebepunkte oder Pompons)
dünne Gummischnur
spitze Nadel oder Locher

Lege einen Teller als Schablone auf die Pappe und male drum herum, oder zeichne mit dem Zirkel einen Kreis von etwa 30 cm Durchmesser. Den Kreis ausschneiden. Der Mittelpunkt des Kreises wird später zur Hutspitze. Mit dem Zirkel ist der Mittelpunkt bereits durch den Nadeleinstich markiert. Um den Mittelpunkt ohne Zirkel zu finden, legst du den Kreis locker zur Hälfte aufeinander und markierst dir die ungefähre Mitte mit einem kleinen Knick; dasselbe machst du nochmal von der anderen Seite, sodass ein Kreuz entsteht (siehe Zeichnung 1). Nun hast du den genauen Mittelpunkt gefunden.
Schneide nun bis zum Mittelpunkt ein großes »Pizzastück« heraus (2) und bestreiche eine der Kanten mit Klebstoff (K). Nun rollst du das Ganze zu einer Tüte, so spitz, wie dein Hut später sein soll, und presst die Klebekanten gut aufeinander. Von innen zusätzlich mit Klebefilm befestigen. Mit Nadel oder Locher machst du an zwei gegenüberliegenden Punkten je ein Loch für das Gummiband, am besten so, dass die Klebekante später hinten am Kopf zu liegen kommt. Durch die Löcher ziehst du nun das Gummiband hindurch und schneidest es so lang, dass der Hut gut sitzt. Die Enden festknoten. Nun kannst du den Hut noch verzieren – und die Party kann losgehen!

Geburtstagsgirlande

Für eine Geburtstagsgirlande wie diese brauchst du:

Tortenspitzen
bunte Muffinpapierförmchen, am liebsten viele verschiedene
lange Schnur
Klebstoff oder Tacker

Du faltest die Tortenspitzen zur Hälfte. Die Muffinförmchen glatt streichen und ebenfalls zur Hälfte falten; die bunte Seite soll nach außen zeigen. Jetzt legst du über die Schnur je eine Tortenspitze und darüber je ein Muffinförmchen und klebst oder tackerst alles an der Schnur fest. Fertig ist die bunte Girlande!

ALLES
SO SCHÖN
RUND
HIER!

Auf zur Fußballparty!

adidas
adidas

Für 6 Fußballfreunde
Zubereitungszeit: 25 Minuten

1 Beet Kresse
½ Bund Schnittlauch
400 g Frischkäse
Salz
½ TL Paprikapulver
gemahlener Pfeffer
2 EL Zitronensaft
200 g runde
Party-Cracker

FRISCHKÄSEBALL

MIT CRACKERN

So geht's:

Schneide die Kresse vom Beet und hacke sie fein. Schneide den Schnittlauch in Röllchen und vermische die Kräuter mit dem Frischkäse, Salz, Paprikapulver, Pfeffer und Zitronensaft. Forme einen Ball aus der Frischkäsemasse und serviere dazu die Cracker.

HACKBÄLLCHEN IN TOMATENSAUCE

Für 20 Bällchen
Zubereitungszeit:
1 Stunde 20 Minuten

Für die Hackbällchen
2 Zwiebeln
2 Knoblauchzehen
500 g gemischtes Hackfleisch (Bioqualität)
2 EL feine Haferflocken
1 Ei (mittlere Größe)
1 TL Kräuter der Provence
Salz, Pfeffer
½ Bund Schnittlauch
2 El Öl

Für die Tomatensauce
1 Zweig Thymian
2 EL Olivenöl
2 EL Tomatenmark
400 g stückige Tomaten aus der Dose

So geht's:

1. Schäle die Zwiebeln und schneide sie in feine Würfel. Schäle den Knoblauch und hacke ihn fein. Mische Zwiebeln und Knoblauch und halbiere die Menge. Die eine Hälfte vermischst du mit dem Hackfleisch, den Haferflocken, Ei, Provence-Kräutern, Salz und Pfeffer. Zuletzt den Schnittlauch in feine Röllchen schneiden und unter die Hackfleischmasse mischen.

2. Aus der Masse formst du 20 Bällchen. Du erhitzst das Öl in einer Pfanne und brätst die Bällchen rundum an, bis sie gar sind.

3. In der Zwischenzeit für die Sauce die Thymianblättchen abzupfen. Erhitze das Olivenöl in einem Topf. Brate die restliche Zwiebel-Knoblauch-Mischung mit dem Thymian darin an. Nun gibst du das Tomatenmark dazu. Die stückigen Tomaten dazugeben und alles zugedeckt aufkochen lassen (Achtung, es spritzt!). Würze die Sauce mit Salz und Pfeffer und lass sie 10 Minuten bei niedriger Temperatur kochen.

4. Mische zum Schluss Bällchen und Sauce. Dazu passen Nudeln.

FUSSBALLSPIELFIGUREN ALS EINLADUNG

Dafür benötigst du:

weißen Karton
Farbstifte
Schere

Lege deine Hand auf den Karton und male oben an den Fingerspitzen und unten am Handballen einen kleinen Strich. So groß wird in etwa deine Spielfigur. Nun malst du zwischen den beiden Markierungen einen Kopf, Oberkörper und Shorts. Schneide alles aus und male dem Spieler Gesicht, Haare und Trikot mit dem Namen des Kindes. Dann schneidest du in die Shorts zwei Löcher, durch die du deine Finger stecken kannst. Auf die Rückseite der Figur schreibst du den Text für deine Geburtstagseinladung.

MELONEN-BOWLE

Für 6 Personen
Zubereitungszeit: 30 Minuten, plus 30 Minuten Kühlen

1 Cantaloupe-Melone
1 kleine Wassermelone ohne Kerne
1 unbehandelte Zitrone
3 EL Zitronensaft
4 EL Holunderblütensirup
15 Eiswürfel
1 ½ l Mineralwasser
1 Zweig Minze

1 Kugelausstecher

So geht's:

1. Halbiere die Cantaloupe-Melone und löse die Kerne mithilfe eines Löffels heraus. Halbiere die Wassermelone. Mit einem Kugelausstecher stichst du Kugeln aus beiden Melonen aus. Wasche die Zitrone, trockne sie ab und schneide sie in Scheiben.

2. Fülle Zitronensaft, Holunderblütensirup, Eiswürfel, Mineralwasser, Zitronenscheiben und Melonenkugeln in einen großen Krug. Füge einen Zweig Minze hinzu. Stelle die Bowle für 30 Minuten in den Kühlschrank.

3. Dann die Bowle eiskalt genießen!

adidas
F
Emi

FUSSBALL-AMERIKANER

Für 8 Stück
Zubereitungszeit: 1 Stunde,
plus 25 Minuten Backen

Für die Amerikaner
100 g weiche Butter
75 g Zucker
1 Päckchen Vanillezucker
1 Prise Salz
2 Eier (mittlere Größe)
250 g Weizenmehl (Type 405)
1 Päckchen Vanillepuddingpulver
3 TL Backpulver
3 EL Milch

Für den Guss
½ Eiweiß
125 g Puderzucker
1 TL Zitronensaft

100 g Vollmilch Kuvertüre zum Dekorieren

1 kleiner Gefrierbeutel

So geht's:

1. Du schlägst Butter, Zucker, Vanillezucker und Salz in einer Schüssel mit den Schneebesen des Mixers schaumig. Dann fügst du nacheinander die Eier hinzu. Vermische Mehl, Puddingpulver und Backpulver in einer Schüssel. Nun gibst du die Mehlmischung und die Milch zur Buttermischung und verrührst alles gründlich. Heize den Backofen auf 200 Grad (Umluft 180 Grad) vor.

2. Mit bemehlten Händen formst du aus dem Teig 8 Kugeln, drückst diese flach und verteilst sie auf einem Backblech. Die Kekse im heißen Ofen 25 Minuten backen. Dann das Backblech mit Backhandschuhen herausnehmen und die Kekse abkühlen lassen.

3. Gib nun für den Guss Eiweiß, Puderzucker und Zitronensaft in eine saubere Schüssel und verrühre sie mit den sauberen Quirlen des Mixers zu einem dickflüssigen Guss. Bestreiche die flache Seite der Kekse mit dem Guss und lass diesen fest werden.

4. Koche in einem kleinen Topf Wasser auf und nimm dann den Topf vom Herd. Zerbröckle die Schokolade in eine Edelstahlschüssel und lass sie über dem heißen Wasser schmelzen. Fülle die flüssige Schokolade in einen Gefrierbeutel, drehe den Beutel oben gut zusammen und schneide unten eine ganz kleine Ecke ab (Achtung, dann läuft die Schokolade gleich heraus). Verziere die Kekse mit der Schokolade, hier passend mit einem Fußballmuster.

KAROTTEN-NUSS-BÄLLCHEN

Für 20 Stück
Zubereitungszeit:
1 Stunde 20 Minuten

200 g Karotten
170 g Erdnüsse
2 EL Erdnussbutter
50 g feine Haferflocken
Salz, Pfeffer
2 EL Zitronensaft

So geht's:

1. Schäle die Karotten und rasple sie auf der groben Seite der Küchenreibe. Hacke die Erdnüsse. Vermische nun Karottenraspel, Erdnussbutter, 100 g gehackte Erdnüsse, Haferflocken, Salz, Pfeffer und Zitronensaft. Verknete alles gut mit den Händen. Nun die Masse 15 Minuten quellen lassen.

2. Forme dann aus der Masse 20 Bällchen. Wende die Bällchen in den restlichen Erdnüssen.

3. Die Bällchen auf den Kresserasen setzen (siehe Rezept unten) und servieren.

Falls dir das zu lange dauert, kannst du auch 6 Beete Kresse kaufen, auf ein Blech setzen und die Bällchen darauf verteilen.

KRESSERASEN

Zeit: 4 Tage und etwas Geduld

2 Tüten Kressesamen
Watte
1 kleine Gießkanne mit Wasser

So geht's:

Für den Kresserasen verteilst du Watte auf ein kleines Blech (Größe ca. 10 x 20 cm). Du begießt die Watte mit Wasser, sodass sie richtig feucht ist. Nun streust du die Samen gleichmäßig auf die Watteflache. Gieße die Kresse 4 Tage lang immer morgens und abends. Du kannst jeden Tag beobachten, wie sie etwas weiter wächst.

Für 20 Lollis
Zubereitungszeit: 45 Minuten

125 g Vollmilch- oder Zartbitterkuvertüre (was du lieber magst)
3 Bananen
2 TL kleine Zuckerperlen

breite Holzspieße

BANANEN-LOLLIS

So geht's:

1. Erhitze einen Topf mit heißem Wasser. Brich die Kuvertüre in Stücke und fülle sie in eine Edelstahlschüssel. Setze die Schüssel auf das heiße Wasserbad und lass die Schokolade langsam schmelzen (am besten, ohne die Schokolade umzurühren, sie schmilzt von ganz alleine).

2. Schneide die Bananen in 2 cm dicke Scheiben. Spieße die Bananenscheiben auf Holzspieße. Jetzt tauchst du sie in die flüssige Schokolade ein und bestreust sie mit den Zuckerperlen. Lass sie auf einem Backpapier abkühlen und trocknen.

HÜHNERBÄLLCHEN MIT AVOCADODIP

Für 20–25 Stück
Zubereitungszeit: 1 Stunde 30 Minuten

Für die Hühnerbällchen
650 g Hühnerbrüstchen
200 ml Kokosmilch
2 TL Currypulver
Salz, Paprikapulver
150 g gemahlene Mandeln
100 g Kokosraspel
2 EL Sonnenblumenöl

Für den Dip
2 reife Avocados
1 Knoblauchzehe
Saft von 1 Zitrone
gemahlener Pfeffer

So geht's:

1. Schneide die Hühnerbrüste in Würfel. Gib sie mit der Kokosmilch in ein hohes Gefäß und püriere sie mit dem Pürierstab. Fülle die Masse in eine Schüssel und vermische sie mit den Mandeln, dem Currypulver, ½ TL Salz und ½ TL Paprikapulver. Forme daraus 20 Bällchen und wälze die Bällchen in den Kokosraspeln.

2. Heize den Backofen auf 200 Grad (Umluft 180 Grad) vor. Belege ein Backblech mit Backpapier und setze die Bällchen darauf. Verteile das Öl auf den Bällchen und backe sie 15 Minuten im Ofen.

3. Halbiere die Avocados, entferne den Stein und schabe das Fruchtfleisch mithilfe eines großen Löffels aus der Schale. Schäle die Knoblauchzehe und hacke sie grob. Gib das Avocadofruchtfleisch, Zitronensaft und Knoblauch in ein hohes Gefäß und püriere die Masse mit dem Pürierstab. Mit Salz und Pfeffer würzen.

4. Serviere die Bällchen mit dem Avocadodip.

MINI-BURGER

Für 16 Burger
Zubereitungszeit: 3 Stunden
(davon Ruhezeit 1 Stunde 10 Minuten)

Für die Brötchen

150 ml Milch
1 TL Zucker
20 g frische Hefe
50 g Butter
500 g Dinkelmehl
1 TL Salz
1 Ei (mittlere Größe)

Für Belag und Burger

2 Tomaten
½ Kopfsalat
1 rote Zwiebel
2 EL Zitronensaft
1 kg gemischtes Hackfleisch (Bioqualität)
1 TL getrocknete Kräuter der Provence
2 TL mildes Paprikapulver
150 g Semmelbrösel
1 Ei (mittlere Größe)
Butter zum Bestreichen der Brötchen
2 EL Senf
5 EL Ketchup (oder so viel, wie du magst)

So geht's:

1. Für die Burgerbrötchen erwärmst du die Milch, den Zucker und 100 ml Wasser (nicht kochen, nur kurz erwärmen). Dann nimmst du den Topf vom Herd und bröckelst die Hefe dazu. Den Topf mit einem sauberen Küchentuch abdecken und 10 Minuten stehen lassen. Das ergibt den Vorteig.

2. Schmelze die Butter in einem Topf. Verknete nun den Vorteig mit dem Mehl, dem Salz, der flüssigen Butter und dem Ei. Decke den Teig nochmals ab und lass ihn 60 Minuten an einem warmen Platz ruhen.

3. In der Zwischenzeit kannst du die Zutaten für den Belag und die Burger vorbereiten. Schneide die Tomaten in dünne Scheiben. Wasche den Salat und schneide ihn in mundgerechte Stücke. Schäle die Zwiebel und schneide sie in dünne Ringe. Vermische die Zwiebelringe mit Zitronensaft, dann schmecken sie besser und verfärben sich hübsch rosa.

4. Belege 2 Backbleche mit Backpapier. Heize den Backofen auf 180 Grad Umluft vor.

5. Verknete Hackfleisch, Kräuter der Provence, Paprikapulver, Semmelbrösel und Ei gut mit den Händen in einer Schüssel. Forme aus der Masse 20 kleine Frikadellen und verteile sie auf einem Backblech.

6. Forme nun mit bemehlten Händen aus dem Hefeteig 20 Minibrötchen. Setze sie auf das zweite Backblech.

7. Schiebe die Brötchen auf der höheren Einschubleiste in den Ofen und backe sie 10 Minuten. Dann schiebst du das Blech mit den Frikadellen dazu und bäckst Frikadellen und Brötchen weitere 10 Minuten.

8. Nimm die Brötchen und die Frikadellen mit Backhandschuhen aus dem Ofen. Lass die Brötchen abkühlen, halbiere sie quer und bestreiche sie mit Butter. Dann verteilst du Salatblätter, Tomaten, Frikadellen, Zwiebeln, Senf und Ketchup darauf. Zum Schluss den Deckel aufsetzen. Dazu passt prima Malzbier.

0374

Goldtrophäe

Für den Sieger des Turniers gibt es natürlich einen tollen Pokal.

Dafür brauchst du:

3 Tontöpfe oder Plastikbecher (z. B. Joghurtbecher) in verschiedenen Größen
Heißklebepistole
eine Plastikfigur, eine Pappzahl oder einen kleinen Ball als Dekoration
Goldspray und alte Zeitung
schwarzes Tonpapier oder schwarzes Klebeetikett im Tafellook
weißen Stift

Mit der Heißklebepistole (Vorsicht Verbrennungsgefahr, lass dir am besten von einem Erwachsenen helfen) klebst du die Becher zu einem Turm aufeinander. Oben drauf befestigst du die Figur oder die Zahl. Wenn du welche hast, kannst du die Trophäe noch mit einem Schriftzug aus Pappbuchstaben verzieren.
Nun sprühst du alles mit Goldfarbe an. Das machst du unbedingt im Freien und deckst vorher den Untergrund großflächig mit Zeitungspapier ab. Wenn alles getrocknet ist, befestigst du das Etikett für den Siegernamen. Wenn der Sieger ermittelt ist, wird er dort mit weißer Schrift verewigt.

Recyclingfußball

Dafür benötigst du:

viele alte Plastiktüten, sie können auch zerrissen und schmutzig sein
feste Schnur oder Paketklebeband

Wickle und knülle alle Tüten ganz straff zu einem Ball zusammen und zurre alles mit der Schnur oder mit Klebeband zusammen, bis ein richtig fester Ball entsteht. So basteln sich auch die Kinder in armen Ländern, zum Beispiel in Südafrika, ihren Fußball.

♥ Teeparty

Für 6 Teekränzchen-Gäste
Zubereitungszeit: 20 Minuten, plus mindestens 4 Stunden Gefrieren

2 Handvoll bunte essbare Blüten
100 ml Holunderblütensirup
2 l Mineralwasser
Eiswürfelbehälter

Mineralwasser mit Blüteneiswürfeln

So geht's:

Verteile die Blüten auf die Eiswürfelformen und gieße sie mit kaltem Wasser auf. Friere sie mindestens 4 Stunden, am besten aber über Nacht ein. Dann löst du sie aus der Form, gibst sie in einen großen Krug, gießt den Holunderblütensirup darüber und füllst mit Mineralwasser auf.

Für 6 Stück
Zubereitungszeit: 1 Stunde,
plus 1 Stunde Kühlen und
30 Minuten Backen

170 g kalte Butter
250 g Dinkelmehl
170 g Puderzucker
100 g gemahlene Mandeln
1 Msp. Zimt
1 Ei (mittlere Größe)
1 Prise Salz
150 g Himbeerkonfitüre
150 g Aprikosenkonfitüre
2 EL Schlagsahne
Mehl für die Arbeitsfläche

6 Mini-Tarteförmchen mit
herausnehmbarem Boden
(12 cm Durchmesser)

Linzer Minitörtchen

So geht's:

1. Schneide 150 g Butter in Würfel. Gib Butterwürfel, Mehl, 150 g Puderzucker, gemahlene Mandeln, Zimt, Ei und Salz in eine Schüssel und verarbeite alles mit den Knethaken des Mixers zu einem glatten Teig. Wickle den Teig in Frischhaltefolie und lass ihn 1 Stunde im Kühlschrank ruhen.

2. Schmilz die restlichen 20 g Butter in einem kleinen Topf. Pinsle die Förmchen mit der flüssigen Butter aus. Roll den Teig auf einer bemehlten Arbeitsfläche aus. Stich aus dem Teig mit einem Glas (ca. 14 cm Durchmesser) 6 Kreise aus. Lege die 6 Kreise in die Förmchen und drücke sie gut an den Rand. Jetzt rollst du einmal mit dem Nudelholz über den Rand der Förmchen, um überstehenden Teig zu entfernen.

3. Den restlichen Teig rollst du nochmals aus und schneidest ihn mit einem gewellten Teigrad (falls du das nicht hast, einfach mit einem Messer) in lange dünne Streifen. Schneide die Streifen so zurecht, dass sie auf die Törtchen passen.

4. Heize den Backofen auf 180 Grad (Umluft 160 Grad) vor. Bestreiche die eine Hälfte der Törtchen dick mit Himbeerkonfitüre, die andere Hälfte mit Aprikosenkonfitüre. Jetzt legst du auf jedes Törtchen ein Gitter aus Teigstreifen. Bestreiche die Teigstreifen mit einem Pinsel mit der Sahne.

5. Backe die Törtchen im heißen Ofen 30 Minuten. Nimm sie mit Backhandschuhen aus dem Ofen und lass sie abkühlen. Dann die Törtchen aus der Form lösen. Fülle den restlichen Puderzucker in ein Sieb und bestäube die Törtchen damit.

DEMACHER

Wusstest du, dass die hübschen farbigen Kapuzinerkresseblüten essbar sind? Sie schmecken leicht pfeffrig und nach Kresse. Die Blüten kannst du sammeln, sie wachsen in vielen Gärten. Falls du keine Blüten bekommst, funktioniert das Rezept auch gut ohne sie.

Kanapees mit feiner Gemüsecreme

Für 6 Personen
Zubereitungszeit: 30 Minuten

1 kleine Dose Mais (140 g)
½ rote und ½ gelbe Paprika
1 Beet Kresse
einige Kapuzinerkresseblüten
4 Blätter Kopfsalat
200 g Frischkäse
Salz
1 Vollkorn-Toastbrot

So geht's:

1. Den Mais aus der Dose in ein Sieb schütten und abtropfen lassen. Dann hackst du den Mais auf einem Schneidebrett fein. Entferne die Kerne der Paprika und schneide die Paprikahälften in feine Würfel. Schneide die Kresse mit einer Schere vom Beet.

2. Wasche die Kapuzinerkresseblüten und die Salatblätter kurz mit kaltem Wasser und lass sie gut abtropfen. Mais, Kresse, Frischkäse, Paprikawürfel und Salz mischen.

3. Schneide die Rinde vom Toastbrot ab. Bestreiche die Hälfte der Toasts mit der Gemüsecreme, setze einige Kapuzinerkresseblüten und die Salatblätter darauf und lege die anderen Toastscheiben als Deckel auf. Schneide sie einmal diagonal durch.

Kekse mit Spitzenmuster

Für 35–40 Stück
Zubereitungszeit: 50 Minuten, plus 45 Minuten Kühlen und 10 Minuten Backen

190 g kalte Butter
225 g Weizenmehl (Type 405)
3 Eigelb
100 g Zucker
Mehl für die Arbeitsfläche

2–3 Deckchen mit Spitzenmuster
Plätzchenausstecher in Blumenform oder andere Ausstecher, die du magst

So geht's:

1. Schneide die Butter in kleine Würfel. Mische Butterwürfel, Mehl, Eigelbe und Zucker in einer Schüssel und verarbeite sie mit den Knethaken des Mixers zu einem glatten Teig. Den Teig 45 Minuten in den Kühlschrank stellen.

2. Rolle nun den Teig auf einer bemehlten Arbeitsfläche aus. Lege die Spitzendeckchen darauf und rolle noch einmal kräftig darüber. Jetzt hat der Teig ein schönes Spitzenmuster.

3. Heize den Backofen auf 200 Grad (Umluft 180 Grad) vor. Belege 2 Backbleche mit Backpapier. Stich nun mit den gewünschten Ausstechern aus dem Teig Kekse aus und setze sie mit etwas Abstand auf die Backbleche. Die Kekse 10 Minuten im Ofen backen.

4. Die Bleche mit Backhandschuhen aus dem Ofen nehmen und die Kekse, wenn sie abgekühlt sind, in eine Keksdose füllen oder gleich zur Teeparty servieren.

Für 6 Stück
Zubereitungszeit: 30 Minuten,
plus 30 Minuten Backen

270 g weiche Butter
160 g Zucker
5 Eier (mittlere Größe)
2 TL Backpulver
350 g Weizenmehl
1 unbehandelte Zitrone
120 ml Milch
3 EL Paniermehl

6 Tassen von 250 ml Inhalt oder ganz viele unterschiedliche Größen

Zitronen-Tassenkuchen

So geht's:

1. Schlage 250 g Butter und den Zucker in einer Schüssel mit den Schneebesen des Mixers schaumig. Das dauert etwa 5 Minuten. Dann rührst du die Eier einzeln nacheinander hinein.

2. Mische in einer zweiten Schüssel Backpulver und Mehl. Rühre die Mehlmischung unter die Buttermasse. Reibe die Zitronenschale mit der feinen Seite der Küchenreibe ab und presse den Saft der Zitrone aus. Rühre Zitronensaft, Milch und Zitronenschale unter den Teig.

3. Heize den Backofen auf 180 Grad (Umluft 160 Grad) vor. Pinsle die Tassen mit den restlichen 20 g weicher Butter ein. Dann etwas Paniermehl hineinstreuen und die Tassen schwenken, sodass sie mit dem Paniermehl ausgekleidet sind. Fülle so viel Teig ein, dass 1/3 der Tassen frei bleibt (der Teig geht beim Backen auf).

4. Die Tassenkuchen im heißen Backofen auf der zweituntersten Schiene 25–30 Minuten backen. Mit Backhandschuhen aus dem Ofen nehmen und ein wenig auskühlen lassen.

Erdbeer-Shak

Für 4 Shakes
Zubereitungszeit: 20 Minuten

500 g Erdbeeren
1 l Milch
2 EL Erdbeermarmelade
2 Päckchen Vanillezucker

So geht's:

Schneide den Strunk der Erdbeeren heraus und viertle die Erdbeeren. Fülle die Milch, die Erdbeermarmelade, den Vanillezucker und die Erdbeeren in ein hohes Gefäß. Püriere alle Zutaten mit dem Pürierstab und verteile den Shake auf 4 Gläser.

So kannst du eine tolle Einladungskarte basteln: Fülle eine Teemischung deiner Wahl in eine Teefiltertüte. In das festgetackerte Schildchen am Faden schreibst du den Text.

Cracker mit Rote-Bete-Creme und Meerrettich

Für 6 Personen
Zubereitungszeit: 20 Minuten

Für die Rote-Bete-Creme

1 gekochte Rote Bete (die gibt es fertig vakuumiert im Supermarkt)
2 EL Rote-Bete-Saft
200 g Frischkäse
1 TL geriebener Meerrettich (aus dem Glas)
Salz, Pfeffer

100 g Crackerbrot
1 TL getrocknete Wildblüten (z. B. von Herbaria) zum Dekorieren

1 Spritzbeutel mit Sterntülle

So geht's:

1. Für die Creme reibst du die Rote Bete auf der feinen Seite der Küchenreibe. Die geriebene Rote Bete verrührst du mit Rote-Bete-Saft, Frischkäse, Meerrettich, Salz und Pfeffer.

2. Brich das Crackerbrot in mundgerechte Stücke. Fülle die Creme in einen Spritzbeutel mit Sterntülle und setze auf jeden Cracker einen Rote-Bete-Tupfer. Mit getrockneten Blüten bestreuen.

Charlotte

Keksschachteln

Um die selbstgebackenen Kekse mit nach Hause zu nehmen, könnt ihr euch hübsche Schachteln basteln.

Dafür braucht ihr:
Transparentpapier
farbigen Karton
Schere
Bleistift

Falte das Transparentpapier zur Hälfte und lege den Falz an die gepunktete Linie. Pause nun den halben Umriss der Faltschachtel ab. Markiere den Schlitz (siehe Zeichnung: S). Schneide beide Lagen des Papiers entlang der Linie durch, schneide den Schlitz S aus beiden Lagen aus. Falte das Papier auseinander – nun hast du die Schablone. Lege die Schablone auf die Pappe, male drum herum und markiere wieder die Schlitze. Schneide entlang der Linien Umriss und Schlitze aus. Knicke die 4 »Flügel« entlang der gestrichelten Markierung nach oben und falte sie wieder auf. Knicke die Laschen (L) entlang der gestrichelten Linie nach außen. Lege nun die beiden Seitenflügel mit den Schlitzen wie ein Dach übereinander, Schlitz über Schlitz und halte sie mit einer Hand zusammen. Mit der anderen Hand steckst du die Laschen nacheinander von unten durch die Schlitze.

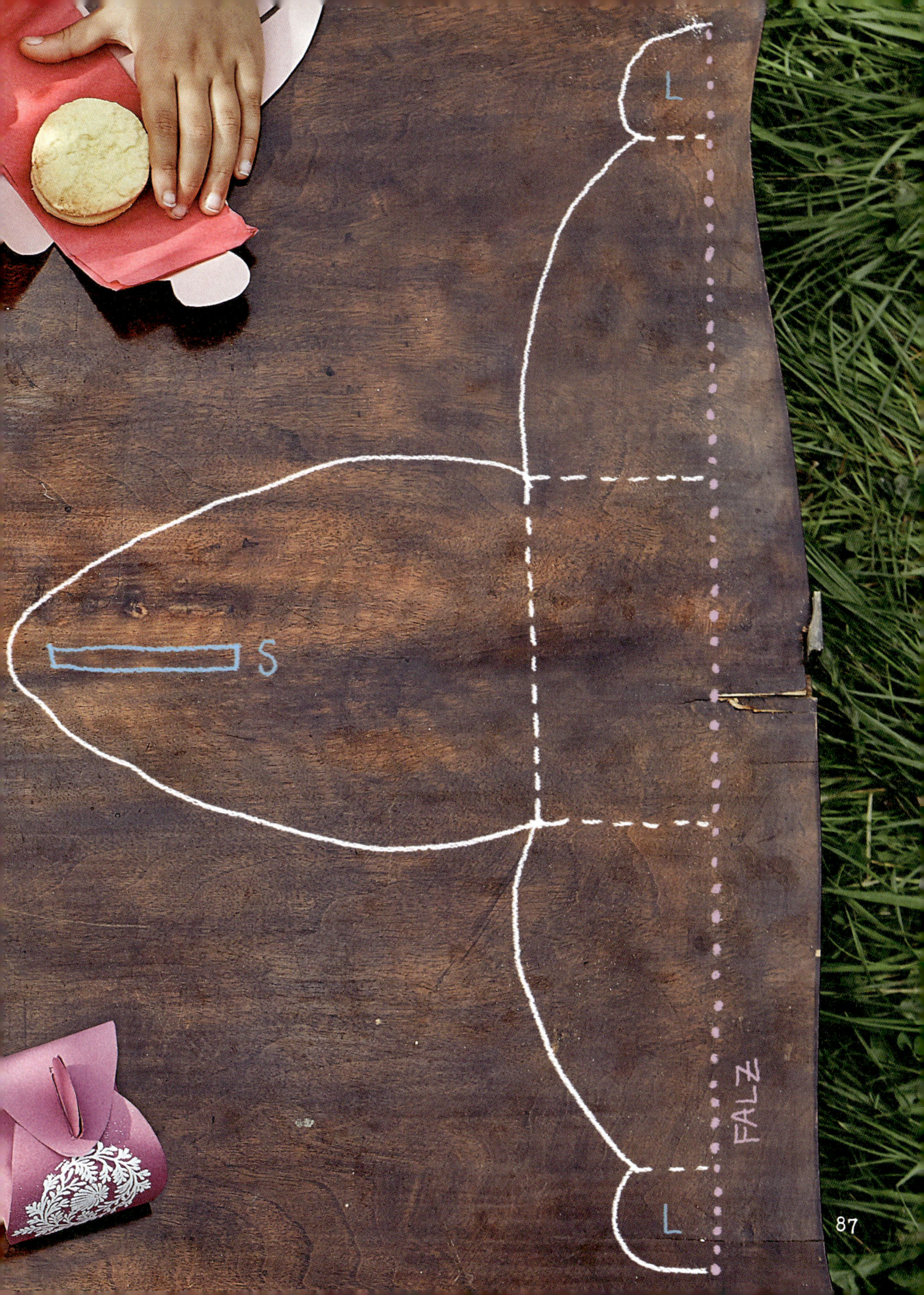
L
S
L
FALZ

https://vimeo.com/173870411

Schau mal, dort findest du eine Videoanleitung für die Obst-Galettes!

Für 10 Stück
Zubereitungszeit: 1 Stunde, plus 1 Stunde Ruhenlassen und 25 Minuten Backen

Für den Teig
180 g Dinkelmehl
¼ TL Salz
110 g Butter
110 g Frischkäse
1 TL Apfelessig

Obst-Galettes

So geht's:

1. Vermische Mehl, Salz, Butter, Frischkäse und Apfelessig in einer Schüssel und rühre sie mit den Knethaken des Mixers zu einem glatten Teig. Wickle den Teig in Frischhaltefolie und lass ihn 1 Stunde im Kühlschrank ruhen.

2. Inzwischen verrührst du für den Belag Speisestärke, Zucker und Zitronensaft zu einer glatten Masse. Schneide die Nektarinen in dünne Spalten. Wende die Nektarinenspalten, Himbeeren und Brombeeren in der Zitronenmischung.

3. Rolle den Teig auf einer bemehlten Arbeitsfläche aus und schneide 10 Kreise von je 15 cm Durchmesser aus. Nun verteilst du die Früchte auf den Törtchen und lässt dabei einen Rand von 2 cm frei. Schlage den Rand ein, damit die Flüssigkeit nicht herausfließt. Bepinsle den Teigrand mit Sahne.

4. Heize den Backofen auf 190 Grad (Umluft 170 Grad) vor. Setze die Törtchen auf ein mit Backpapier belegtes Blech und backe die Galettes 25 Minuten im heißen Ofen. Mit Backhandschuhen aus dem Ofen nehmen und die Galettes noch lauwarm mit Joghurteis servieren.

Hier wäre noch Platz
für eine weitere Füllung.
Hast du eine Idee?

Für den Belag
2 EL Speisestärke
2–3 EL Zucker
2 EL Zitronensaft
4 Nektarinen
150 g Himbeeren
150 g Brombeeren

Mehl für die Arbeitsfläche
1 EL Schlagsahne
400 ml Joghurteis

Tortillabrote mit Schafskäse, Petersilie und Granatapfelkernen

Für 4 Personen
Zubereitungszeit: 20 Minuten

6 Tortillabrote
200 g Schafskäse
½ Bund Petersilie
½ Granatapfel

So geht´s:

1. Heize den Backofen auf 200 Grad (Umluft 180 Grad) und backe die Tortillabrote 5 Minuten auf. Schneide den Schafskäse in kleine Würfel. Hacke die Petersilie fein. Löse die Kerne aus dem Granatapfel (Achtung, das spritzt!).

2. Schneide die Brote in Stücke und verteile Schafskäse, Granatapfelkerne und Petersilie auf den Brotstücken.

Teepartyvasen

Hast du auch eine Nagellacksammlung? Oder kannst du dir ein paar Fläschchen bei jemandem ausleihen?

Für eine hübsche Partyvase brauchst du:

sauberes altes Glas oder kleine Glasflasche
Verstärkungsringe aus dem Bürobedarf
verschiedene Farben Nagellack

Beklebe das Gefäß mit den Verstärkungsringen, es sind deine Schablonen für perfekt runde Punkte. Tupfe den Nagellack in die Löcher der Kleberinge, nicht zu dick, und lass ihn gut trocknen. Danach kannst du die Schablonen abziehen und deine Vase mit Wasser und Blumen befüllen!

Ansteck-blume

Wenn du dich partyfein machen willst, wirkt so eine selbstgebastelte Blume Wunder! Du brauchst allerdings ein bisschen Geduld und Fingerfertigkeit.

Du brauchst:

Transparentpapier und Stift für die rundblättrige Blüte
Maßband oder Lineal
einfarbigen dünnen Stoff
scharfe Schneiderschere
Zwirn passend zum Stoff
Nähnadel
Sicherheitsnadel oder Broschennadel aus dem Bastelladen bzw. Haarreifen oder -spange
ein kleines Stück Bastelfilz

Für die Blume mit den runden Blütenblättern paust du dir die Vorlage so oft nebeneinander ab, bis du eine 50 cm lange Bogenkante hast. Schneide sie aus, lege sie auf den Stoff und male drum herum. Dann den Stoffstreifen ausschneiden.
Für die Blüte mit zackigen, fransigen Blütenblättern schneidest du einen 50 cm langen und 5 cm breiten Stoffstreifen der Länge nach zu unzähligen spitzen Zacken ein. (Wenn du den Stoff doppelt legst, bist du schneller fertig.)

Nimm einen langen Faden und fädle ihn durchs Nadelöhr, sodass er doppelt ist (sonst könnte er später reißen) und mache am Ende einen Knoten. Der geraden Seite des Stoffstreifens entlang fädelst du nun den Stoff mit der Nadel auf (siehe Skizze); diesen Stich nennt man »Reihstich«. Wenn du am Ende des Streifens angekommen bist, schiebst du den Stoff ganz eng zusammen, dabei entsteht automatisch eine Blüte. Jetzt werden die Blütenblätter nur noch in Form gezupft. Dann vernähst du das Fadenende mit ein paar kleinen Stichen ganz fest, damit die Blüte nicht wieder aufgehen kann. Befestige einen kleinen Kreis aus Filz an der Rückseite der Blüte. Dort kannst du die Broschennadel annähen, oder du nähst die Blüte am Haarschmuck fest.

AUF ZU FERNEN PLANETEN

URSUPPE MIT GEMÜSESTERNEN

Für 6 Personen
Zubereitungszeit:
1 Stunde 30 Minuten

1 Bund Suppengrün
1 Zwiebel
2 EL Olivenöl
2 Lorbeerblätter
1 Zweig Petersilie
1 Zweig Thymian
300 g dicke Karotten
1 Süßkartoffel
1 kleiner Kohlrabi

verschiedene Kreis- und Sterne-Ausstecher

So geht's:

1. Schneide das Suppengrün in grobe Würfel. Viertle die Zwiebel (die Schale bleibt dran). Nun erhitze das Olivenöl in einem großen Topf. Gib Gemüse und Zwiebel dazu und brate alles schön braun. Mit 2½ l Wasser aufgießen. Gib die Lorbeerblätter, Petersilien- und Thymianzweig dazu und lass die Brühe 45 Minuten offen bei mittlerer Temperatur kochen.

2. In der Zwischenzeit schälst du die Karotten, die Süßkartoffel sowie den Kohlrabi und schneidest alles in sehr dünne Scheiben. Mit den Ausstechern stichst du aus den Gemüsescheiben Kreise und Sterne aus. Die Reste des Gemüses am besten gleich zwischendurch essen.

3. Gieße die Gemüsebrühe durch ein Sieb in einen zweiten Topf. Koche die Brühe nochmals auf und gib die Gemüsesterne und -planeten dazu. Lass die Suppe 5 Minuten kochen und serviere sie dann heiß.

Zutaten für alle Planeten
Zubereitungszeit: 2 Stunden, plus 55 Minuten Backen

125 g weiche Butter
75 g Zucker
2 Eier (mittlere Größe)
110 g Weizenmehl (Type 405)
1 Päckchen Vanillepuddingpulver
2 TL Backpulver
1 Prise Salz
1 EL Milch
Butter für die Form

70 g Erdnussbutter
50 g Frischkäse
400 g Fondant (Zuckermasse)
Lebensmittelfarben (Rot, Gelb, Blau, Grün, Orange, Schwarz)
2 EL Blütenpollen (die bekommst du im Reformhaus)
Puderzucker für die Arbeitsfläche

1 Kastenkuchenform
Holzspieße

So geht's:

1. Für den Kuchen gib die Butter und den Zucker in eine Schüssel und schlage sie mit den Schneebesen des Mixers, bis die Masse weiß und schaumig ist. Das dauert etwa 5 Minuten. Rühre dann die Eier einzeln ein. Mische Mehl, Puddingpulver, Backpulver und Salz. Verrühre nun die Buttermischung, die Mehlmischung und die Milch mit den Quirlen des Mixers.

2. Heize den Backofen auf 180 Grad (Umluft 160 Grad) vor. Fette eine Kastenkuchenform und fülle den Teig ein. Backe den Kuchen 55 Minuten im heißen Ofen. Nimm den Kuchen heraus und lass ihn abkühlen.

3. Als Nächstes zerbröselst du den Kuchen mit den Händen. Mische die Brösel in einer Schüssel mit Erdnussbutter und Frischkäse. Aus dieser Masse rollst du nun alle Planeten und eine Sonne. Forme die Planeten in ihrer Größe wie auf dem Foto.

4. Nun färbst du den Fondant in den jeweiligen Planetenfarben wie auf dem Foto. Schneide dafür jeweils ein Stück Fondant ab (die Größe hängt von der Planetengröße ab, das musst du ausprobieren) und verknete es gut mit der jeweiligen Lebensmittelfarbe. Dann die Fondantstücke nacheinander auf einer mit Puderzucker bestreuten Arbeitsfläche ausrollen und die jeweiligen Planeten damit umwickeln. Die Sonne wendest du in den Blütenpollen.

5. Stecke je nach Größe der Planeten 1 oder 2 Spieße in die Cakepops.

PLANETEN-CAKEPOPS

Näheres zu den Planeten erfährst du auf Seite 119.

HONIG-METEORITENBROCKEN

Für 12–15 Stück
Zubereitungszeit: 45 Minuten

50 g Zucker
2 EL Wasser
1 EL flüssiger Honig
1 EL Natronpulver

So geht's:

1. Drücke einen Bogen Backpapier in eine Schüssel.

2. In einem kleinen, hohen Topf kochst du Zucker und Wasser auf und lässt es 5 Minuten offen kochen. Wenn sich der Sirup hellbraun färbt, gibst du den Honig dazu. Dann das Natron hinzufügen. Dabei aufpassen: Es schäumt richtig auf. Verteile nun die Masse in der mit Backpapier ausgelegten Schüssel (Achtung, nicht probieren, sie ist jetzt noch viel zu heiß!). Lass die Masse komplett erkalten; das dauert rund 20 Minuten.
(Tipp: Wenn du den Topf jetzt gleich mit heißem Wasser aufkochst, bekommst du ihn wieder schön sauber!)
Nimm die erkaltete Masse mit dem Backpapier aus der Schüssel und lege sie auf ein Schneidebrett. Nun kannst du sie mit einem Hammer grob zerbrechen.
Die Honig-Meteoritenbrocken sollte man innerhalb eines Tages verzehren, sonst werden sie weich und zäh.

MARS-BROTTORTE

Für 1 Torte
Zubereitungszeit: 30 Minuten

1 Gurke
400 g Kirschtomaten
1 kleines rundes Bauernbrot
(lass es am besten in der Bäckerei
quer in 5 Scheiben schneiden)
300 g Kräuter-Frischkäse
200 g Emmentalerkäse
in Scheiben
2 EL mildes Paprikapulver

So geht's:

1. Schneide die Gurken in dünne Scheiben. Halbiere die Kirschtomaten.
2. Bestreiche die Brotscheiben mit Frischkäse und belege sie mit Käse, Tomaten und Gurken.
3. Setze nun alle Teile aufeinander und oben drauf die Kruste. Bestreue die Kruste mit dem Paprikapulver.

MONDSTAUBKEKSE

Für 15–20 Stück
Zubereitungszeit: 40 Minuten, plus 1 Stunde Ruhenlassen und 20 Minuten Backen

100 g Zartbitterkuvertüre
25 g Butter
1 Ei (mittlere Größe)
75 g Zucker
50 g gemahlene Mandeln
¼ TL Backpulver
50 g Weizenmehl (Type 405)
50 g Puderzucker

So geht's:

1. Hacke die Kuvertüre grob und erwärme Kuvertüre und Butter in einem Topf bei geringer Temperatur, bis sie geschmolzen sind. In der Zwischenzeit schlage das Ei und den Zucker in einer Schüssel mit den Schneebesen des Mixers, bis die Masse weiß und schaumig ist. Rühre dann die flüssige Schokolade hinein. Mische Mandeln, Backpulver und Mehl in einer zweiten Schüssel und verknete die Mandel-Mehl-Mischung mit der Schoko-Ei-Masse.

2. Den Teig für 1 Stunde in den Kühlschrank stellen.

3. Den Backofen auf 180 Grad (Umluft 160 Grad) vorheizen. Mit einem Esslöffel stichst du walnussgroße Häufchen vom Teig ab und rollst diese zu Kugeln. Wälze sie in dem Puderzucker und setze sie mit etwas Abstand auf ein mit Backpapier belegtes Backblech.

4. Die Kekse 20 Minuten im Ofen backen. Das Backblech mit Backhandschuhen aus dem Ofen nehmen und die Kekse abkühlen lassen.

SATURNRINGE MIT CURRYDIP

Für 4–6 Personen
Zubereitungszeit:
1 Stunde 20 Minuten

1 kg sehr große Kartoffeln
6 EL Olivenöl
2 TL mildes Paprikapulver
Salz
1 TL Kurkumapulver

Für den Dip
250 g Speisequark
2 EL Zitronensaft
1 TL Currypulver
Salz, Pfeffer

So geht's:

1. Schäle die Kartoffeln und schneide sie in dünne Scheiben (etwa 3 mm dünn). Aus der Mitte schneidest du mit einem kleinen Messer einen Kreis heraus, sodass du Ringe bekommst. Die Mittelkreise sind kleine Planeten. Vermische Ringe und Planeten mit Olivenöl, Paprikapulver, Salz und Kurkuma.

2. Heize den Backofen auf 180 Grad (Umluft 160 Grad) vor. Lege ein Backblech mit Backpapier aus. Verteile die Kartoffeln auf dem Blech und backe sie im heißen Ofen 20 Minuten.

3. Für den Currydip verrührst du Quark, Zitronensaft, Curry, Salz und Pfeffer.

4. Das Backblech mit Backhandschuhen aus dem Ofen nehmen. Die Planeten und Planetenringe in eine Schale geben und mit dem Currydip servieren.

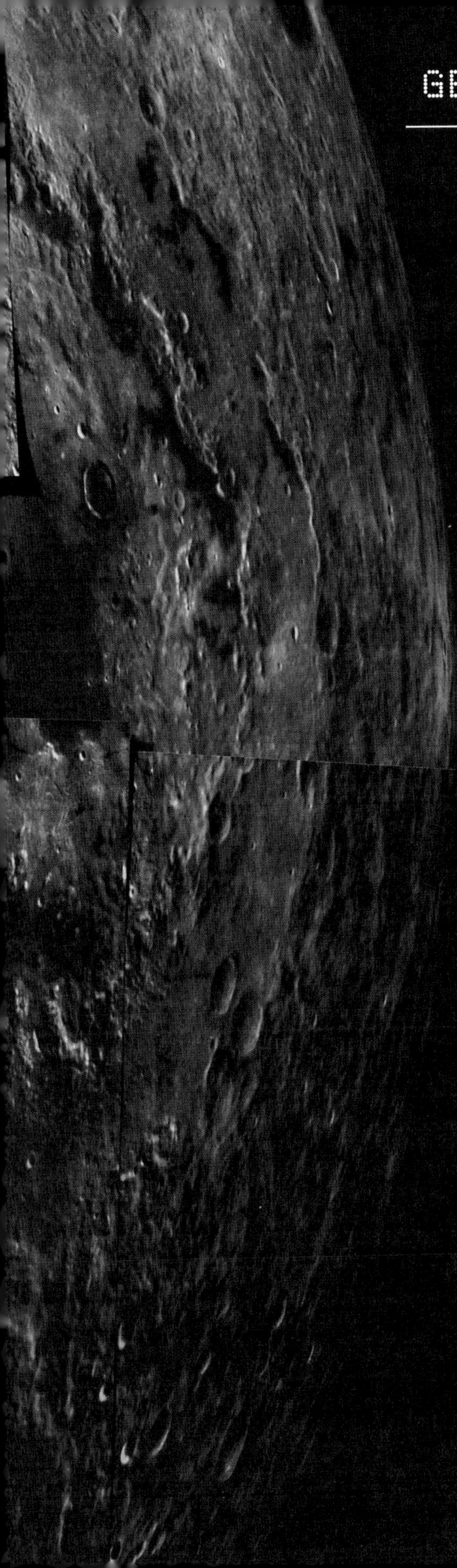

GEMÜSE-REISPAPIER-RAKETEN

Für 6 Raketen
Zubereitungszeit: 45 Minuten

200 g Karotten
1 rote Paprika
1 Zweig frische Minze
2 EL Sesamöl
1 EL flüssiger Honig
1 EL Zitronensaft
5 EL Sojasauce
100 g Sprossen
6 Blatt Reispapier
(das bekommst du in der Asia-Abteilung des Supermarkts)

So geht´s:

1. Schäle die Karotten und schneide sie mit dem Sparschäler in lange, dünne Streifen, schneide die Streifen dann mit einem Messer in Stifte. Halbiere die Paprika, entferne die Kerne und schneide die Paprika in dünne Streifen. Zupfe die Minzblätter ab und hacke sie fein. Nun verrührst du Öl, Honig, Minze, Zitronensaft und 1 EL Sojasauce. Mische Karotten, Paprika und Sprossen mit dem Dressing.

2. Weiche die Reispapierblätter einzeln nacheinander in einer Schüssel mit warmem Wasser ein und lass sie auf Küchenpapier abtropfen.

3. Verteile das Gemüse auf den eingeweichten Reisblättern und rolle sie zu Raketen. Schneide diese dann in gut essbare Stücke. Die restliche Sojasauce benutzt du zum Dippen – das sieht dann bestimmt wie ein Raketenunfall aus …

STERNENGESWIRLTER VANILLEQUARK

Für 6 Astronauten
Zubereitungszeit: 25 Minuten

500 g Speisequark (20 % Fett)
3 EL flüssiger Honig
1 Vanilleschote
100 g Apfel-Mango-Mark
(oder Apfelmus)
10 Physalis
2 Sternfrüchte

So geht's:

1. Verrühre Quark und Honig in einer Schüssel. Schlitze die Vanilleschote längs auf, schabe mit einem kleinen Messer das Vanillemark (die kleinen Samenkörnchen) heraus und rühre es in den Quark. Fülle den Quark in 6 kleine Schalen.

2. Rühre das Apfel-Mango-Mark als Swirl-Strudel hinein. Drehe die Blätter der Physalis so ein, dass aus den Früchten Sternschnuppen mit Schweif werden. Schneide die Sternenfrüchte in dünne Scheiben und verteile alle Früchte auf dem Quark.

Eine echte Meteoriten-einladung bastelst du so: Auf einen langen Streifen schreibst du deinen Text, rollst ihn auf und knüllst dann eine Kugel aus Gold-papier drumherum.

Astronautennahrung

Astronauten können Salz und Pfeffer nicht einfach so ins All mitnehmen, weil Salz und Pfeffer sonst einfach im Raumschiff herumfliegen würden. Sie lösen das Salz in Wasser auf und nehmen es so mit. Pfeffer wird in Öl gestreut und dann als Pfefferöl benutzt. Probiert das doch mal an eurer Astronauten-Party aus.

Folgende »Kraftnahrung« kannst du in Tütchen füllen:

Kartoffel-Chips
Gojibeeren, Cranberrys, Sultaninen
Süßigkeiten wie Haselnusstafeln, Schokolade und Kekse
getrocknete Himbeeren
Bananen-Chips
Cashewnüsse, Erdnüsse, Mandeln
Lollies

SCHOKOLADEN-MONDKRATERKUCHEN

Für 1 Kuchen mit 16 Stücken
Zubereitungszeit: 1 Stunde, plus 75 Minuten Backen

220 g Butter
290 g Zartbitterkuvertüre
5 Eier (mittlere Größe)
200 g Zucker
50 g gemahlene Mandeln
1–2 g Super Pearl Dust Silber (z. B. von der Firma Wilton, das bekommst du über das Internet)

1 Springform von 26 cm Durchmesser

Falls du kein Pearl Dust bekommst, kannst du den Kuchen mit 30 g Puderzucker bestäuben.

So geht's:

1. Belege den Boden der Springform mit Backpapier, setze den Ring auf und schließe ihn. Nun fettest du den Rand mit 20 g Butter. Brich die Kuvertüre in Stücke. Gib die restliche Butter (200 g) mit der Zartbitterkuvertüre in einen Topf und lass sie bei milder Temperatur schmelzen.

2. Gib Eier und Zucker in eine Schüssel und schlage sie mit den Schneebesen des Mixers 5 Minuten, bis die Masse dick und schaumig ist. Rühre die Mandeln und die flüssige Schokoladenbutter mit den Schneebesen des Mixers darunter.

3. Heize den Ofen auf 180 Grad (Umluft 160 Grad) vor. Fülle den Teig in die vorbereitete Backform. Setze ein tiefes Backblech in den Ofen und fülle heißes Wasser hinein (etwa halb so hoch wie die Kuchenform). Stelle die Kuchenform ins Wasserbad und backe den Kuchen 75 Minuten im vorgeheizten Ofen.

4. Den Kuchen mit Backhandschuhen aus dem Ofen nehmen und komplett abkühlen lassen.

5. Dann das Pearl Dust mit einem Finger oder einem Pinsel auf dem Kuchen auftragen. Der Kuchen schmeckt super mit Schlagsahne.

So prüfst du, ob die Backform wasserdicht ist:

Die Backform muss auf jeden Fall wasserdicht sein. Das probierst du am besten vorher aus: Fülle die Form mit Wasser. Wenn kein Wasser unten heraustropft, ist sie dicht. Du kannst die Backform auch zusätzlich auf zwei Lagen Alufolie stellen und die Folie am Rand der Form hochklappen und gut festdrücken.

GALAKTISCHER SCHOKO-VANILLE-SHAKE

Für 6 Drinks
Zubereitungszeit: 15 Minuten

150 g Schokoladenaufstrich (z. B. Nutella)
1½ l Mandelmilch
1 Päckchen Vanillezucker

So geht's:

Püriere Nutella, Mandelmilch und Vanillezucker in einem hohen Gefäß mit dem Pürierstab. Streiche die Innenseite der Gläser mit etwas Nutella ein. Fülle den Schokoladenshake in die Gläser.

MANDEL-CHIA-ASTRONAUTENWÜRFEL

Für 4–6 Astronauten
Zubereitungszeit: 45 Minuten

2 EL Chiasamen
200 g gemahlene Mandeln
2 EL flüssiger Honig
50 g Gojibeeren
(oder Sultaninen)

So geht's:

1. Mische die Chiasamen mit 8 EL warmem Wasser und lass sie 20 Minuten aufquellen. Vermische die Mandeln, den Honig, die Gojibeeren und die aufgequollenen Chiasamen.

2. Heize den Ofen auf 200 Grad (Umluft 180 Grad) vor. Belege ein Backblech mit Backpapier. Gib die Masse auf das Blech und verstreiche sie zu einem etwa 16 x 16 cm großen Quadrat. Backe die Masse 10 Minuten im heißen Ofen. Das Blech mit Backhandschuhen aus dem Ofen nehmen und abkühlen lassen. Schneide nun die Mandelmasse in kleine Würfel. Kleine Kraftpakete für starke Astronauten!

Planeten-mobile

Für diesen tollen Zimmerschmuck benötigst du:

- ca. 20 weiße Pappmaschee-Kugeln, (oder bunte Filzkugeln) in verschiedenen Größen
- Acrylfarbe und Pinsel
- ca. 90 cm festen Draht oder einen Drahtbügel aus der Reinigung
- ein kurzes Stück dünnen Draht
- festen Zwirn
- Maßband oder Zollstock
- lange stabile Näh- oder Stopfnadel
- Kneifzange
- Schere

Bemale die Pappmaschee-Kugeln in deinen Lieblingsfarben und lass sie trocknen. Biege den Drahtbügel erst zu einem geraden Draht oder nimm den fertigen Draht und biege ihn zu einem Kreis. Das braucht ein wenig Kraft und Geduld, vielleicht lässt du dir von einem Erwachsenen helfen. Fixiere den Kreis zum Beispiel mit einem kleinen Stück dünnem Draht. Schneide 10 Fäden von etwa 50 cm Länge ab und mache in die Enden jeweils einen dicken Mehrfachknoten. Dann fädelst du mithilfe der Nadel die bunten Kugeln auf. In unterschiedlicher Höhe machst du erneut einen Mehrfachknoten und ziehst weitere Kugeln auf. Am schönsten wird es, wenn an den Fäden jeweils unterschiedlich viele und unterschiedlich große Kugeln hängen. Die Fäden in unterschiedlicher Länge am Drahtring befestigen, so wie es schön aussieht, und die Fadenenden abschneiden. An 4 gegenüberliegenden Punkten des Rings befestigst du nun 4 Fäden von etwa 30 cm Länge und knotest die Enden zusammen. Nun kann das Mobile aufgehängt werden.

Wusstest du das schon?

Die Planeten kreisen alle in einem festen Abstand um die Sonne. Und mit dieser Eselsbrücke kannst du dir die Reihenfolge der Planeten – von der Sonne aus gesehen – ganz leicht merken:

Mein Vater erklärt mir jeden Sonntag unseren Nachthimmel.
(Merkur – Venus – Erde – Mars – Jupiter – Saturn – Uranus – Neptun)

Mehr über die Planeten erzählt dir dieses Planetengedicht:

Hast du nachts schon mal hoch in den Himmel gesehen?
Und weißt du auch, wie viele Sternlein dort stehen?

Planeten gibt's acht, so viel ist erstmal klar –
doch wie lauten die Namen? War schon jemand da?

Merkur ganz tapfer, der Kleinste dort oben,
kreist nah an der Sonne, dafür muss man ihn loben.

Als Abendstern leuchtend kommt Venus daher,
das finden wir schön, und wir lieben sie sehr.

Die Erde zieht ihre Bahn direkt daneben,
hier gibt's Wasser und Pflanzen, hier kann man gut leben.

Der Mars hat Vulkane und viel roten Sand,
darum wird er auch »roter Planet« genannt.

Jupiter folgt nun als größter Planet,
trotzdem schwebt er am Himmel – wie so was wohl geht?

Saturn, hat 'nen Ring, wie manch einer schon weiß,
um ihn tanzen die Brocken aus Steinen und Eis.

Der Uranus friert, und das sieht man genau,
dort ist es sehr kalt, darum ist er schon blau.

Ganz fern von der Sonne kreist Neptun herum –
wer dies nicht behalten mag, bleibt eben dumm.

(Gesa Sander)

PIRATEN!

ANKER-KEKSE

Für 15–20 Stück
Zubereitungszeit: 45 Minuten, plus 1 Stunde Ruhenlassen und 15 Minuten Backen

100 g kalte Butter
200 g Mehl
1 Ei (mittlere Größe)
35 g Zucker
1 EL Kakaopulver
Mehl für die Arbeitsfläche

1 Anker-Ausstecher (den kannst du über das Internet bestellen)

So geht's:

1. Schneide die Butter in Würfel. Gib Butter, Mehl, Ei und Zucker in eine Schüssel und knete die Zutaten mit den Knethaken den Mixers zu einem glatten Teig. Das dauert ein bisschen, also nicht zu schnell aufgeben! Teile den Teig in zwei Hälften und knete nun mit den Händen unter die eine Hälfte das Kakaopulver. Dann den Teig 1 Stunde in den Kühlschrank stellen.

2. Zwei Backbleche mit Backpapier belegen. Rolle die Teighälften nacheinander auf einer mit Mehl bestreuten Arbeitsfläche mit einem Nudelholz aus und stich mit dem Anker-Ausstecher die Anker aus. Verteile sie auf den Backblechen. Den übrig gebliebenen Teig immer wieder verkneten und neu ausrollen, bis der Teig aufgebraucht ist.

3. Den Backofen auf 180 Grad (Umluft 160 Grad) vorheizen. Die Bleche in den Ofen schieben und die Kekse 15 Minuten backen. Dann mit Backhandschuhen aus dem Ofen nehmen. Abkühlen lassen und aufessen.

Was bedeutet Umluft? Im Umluft-ofen wird durch einen Ventilator i Innern des Backofens die erhitz-te Luft schneller und gleichmäßige verteilt. So braucht man weniger Hitze, was wiederum Energie spart. Die meisten neuen Backöfen haben diese Möglichkeit. Frag deine Eltern, welcher Schalter der Umluftschalter ist.

Für 4 Piraten
Zubereitungszeit:
1 Stunde 30 Minuten

Für den Dip
1 Zwiebel
1 Knoblauchzehe
3 Scheiben Speck
1 Chilischote
3 Tomaten
2 EL Sonnenblumenöl
1 EL Tomatenmark
Salz

Für die Hühnerkeulen
4 EL Sonnenblumenöl
Salz
2 TL Paprikapulver
1 TL Currypulver
4 Hühnerkeulen

HÜHNERKEULEN MIT SEEFAHRERDIP

So geht's:

1. Schäle die Zwiebel und den Knoblauch und hacke beides fein. Schneide den Speck in feine Würfel, die Chilischote in feine Ringe (Achtung: Danach gleich Hände waschen! Wenn du dir mit den Chili-Fingern versehentlich die Augen reibst, brennt es sehr ...). Die Tomaten halbierst du, schneidest den Strunk heraus und würfelst sie fein. Nun das Öl in einem Topf erhitzen, darin Zwiebel und Knoblauch andünsten. Dann das Tomatenmark, die Tomatenwürfel, den Speck und die Chilischote hinzufügen. Alles zugedeckt 10 Minuten köcheln lassen. Zuletzt würzt du den Dip mit Salz.

2. Für die Hühnerkeulen heizt du den Backofen auf 180 Grad (Umluft 160 Grad) vor. Vermische das Öl mit Salz, Paprika und Currypulver. Reibe die Hühnerkeulen mit dem Gewürzöl ein und verteile sie auf ein gefettetes Backblech. Sie brauchen im heißen Ofen 40 Minuten, bei Umluft 30 Minuten. Serviere sie deinen Piraten mit dem Dip.

PIRATEN-MUFFINS

Für 12 Stück
Zubereitungszeit:
1 Stunde 30 Minuten,
plus 25 Minuten Backen

Für die Muffins

100 g getrocknete Aprikosen
90 g Butter
350 g Mehl
2 TL Backpulver
3 EL Holunderblütensirup
100 g Zucker
2 Eier (mittlere Größe)
100 ml Milch
2 EL Kokosraspel

Für die Dekoration

2 Lakritzschnecken
1 rote Fruchtschnecke
(alternativ Himbeerschnüre)
100 g Puderzucker
2–3 EL Zitronensaft
12 Lakritztaler
12 Mini-Smarties

1 Muffinblech mit 12 Mulden
12 Muffin-Papierförmchen

So geht's:

1. Den Backofen auf 180 Grad (Umluft 160 Grad) vorheizen. Schneide die Aprikosen in kleine Würfel. Erhitze die Butter in einem kleinen Topf, bis sie schmilzt. Gib nun alle Zutaten der Muffins in eine Schüssel und rühre sie mit den Knethaken des Mixers zu einem glatten Teig. Setze 12 Papierförmchen in die Mulden des Muffinblechs und verteile den Teig mit einem Löffel auf die 12 Förmchen.

2. Das Muffinblech in den vorgeheizten Ofen schieben und die Muffins 25 Minuten backen. Mit Backhandschuhen aus dem Ofen nehmen und abkühlen lassen.

3. Für die Dekoration der Muffins bereitest du als Erstes die Augenklappen und die Münder vor. Dazu rollst du den Lakritzfaden von den Schnecken ab und schneidest ihn in etwa 6 cm lange Stücke, bis du 12 Stück davon hast. Das Gleiche machst du mit der roten Fruchtschnecke, bis du 12 Münder hast.

4. Nun rührst du den Puderzucker und den Zitronensaft in einer kleinen Schüssel mit einem Schneebesen zu einem glatten Guss. Die Muffins mit dem Guss bestreichen, jeweils 1 Stück Lakritzschnecke und 1 Lakritztaler als »Augenklappe« anbringen. Für das zweite Auge setzt du ein Mini-Smartie darauf und für den Mund die roten Fruchtschneckenstücke. Fertig und entern!!

Schau doch mal, ob du noch weitere Wörter findest ...
Hier in dieser Flaschenpost könnte deine Einladung stecken!

6TS BOOT
2NNBUNSNH
JTSCHATZR
9REPBNDQU
ANGELOBBB
PIERNCFPN
9BLJEFPTE

Für 4–6 Piraten
Zubereitungszeit: 1 Stunde

Für die Nudeln
500 g große Muschelnudeln (Conchiglioni aus dem italienischen Lebensmittelladen; oder kleine Muschelnudeln aus dem Supermarkt)
Salz
250 g tiefgekühlte Erbsen
150 g Kochschinken
½ rote, ½ gelbe und ½ grüne Paprika

Für das Dressing
150 g Joghurt
2–3 EL Zitronensaft
3 EL Olivenöl
1 EL flüssiger Honig
gemahlener Pfeffer
1 TL gemahlenes Paprikapulver

½ Bund Schnittlauch

MUSCHEL-NUDEL-SALAT mit ERBSEN UND SCHINKEN

So geht's:

1. Die Nudeln 15 Minuten zugedeckt in Salzwasser kochen. Kurz vor Ende der Kochzeit gibst du die Erbsen dazu. Dann gießt du beides in ein Sieb und lässt kaltes Wasser darüberlaufen, bis Nudeln und Erbsen kalt sind. Schneide den Schinken in Würfel. Die Paprika halbierst du, entkernst sie und schneidest sie ebenfalls in Würfel.

2. Verrühre für das Dressing Joghurt, Zitronensaft, Olivenöl, Honig, Salz, Pfeffer und Paprikapulver in einer Schüssel. Vermische das Dressing mit allen anderen Zutaten (Paprika, Schinken, Nudeln und Erbsen). Schneide den Schnittlauch in feine Röllchen und streue ihn über den Salat.

KNOCHEN MIT KRÄUTER-FRISCHKÄSE

Für 4–6 Piraten
Zubereitungszeit: 1 Stunde 45 Minuten, plus 20 Minuten Backen

Für die Knochen
250 ml Wasser
150 g Weizenmehl (Type 405)
½ TL Backpulver
½ TL Salz
30 g Speisestärke
50 g Butter
1 TL Currypulver
5 Eier (mittlere Größe)

Für die Füllung
1 Bund Schnittlauch
100 g Frischkäse

1 Spritzbeutel mit Sterntülle

So geht's:

1. Für den Teig gibst du Wasser, Mehl, Backpulver, Salz, Speisestärke, Butter und Curry in einen Topf. Verrühre alles gut mit einem Schneebesen. Dann erhitzt du den Teig und rührst ihn mit einem Holzlöffel so lange, bis er ganz glänzend ist und sich am Boden eine Kruste gebildet hat. Den Teig in eine Schüssel umfüllen und etwas abkühlen lassen. Rühre dann die Eier mit den Schneebesen des Mixers einzeln nacheinander in den Teig. Nach jedem Ei den Teig so lange weiterrühren, bis er wieder eine feste, zusammenhängende Masse ist.

2. Zwei Backbleche mit Backpapier belegen. Den Teig in einen Spritzbeutel mit Sterntülle füllen. Spritze den Teig in Knochenform auf die Bleche; es sollte etwa 16 Knochen ergeben. Zwischen den einzelnen Knochen etwas Platz lassen, denn sie gehen auf.

3. Heize den Backofen auf 180 Grad Ober- und Unterhitze vor (Umluft ist nicht so gut für diesen Teig) und backe die Knochen 20 Minuten.

4. Für die Füllung schneidest du den Schnittlauch in feine Röllchen und vermischst ihn mit dem Frischkäse. Die Knochen aus dem Ofen nehmen und abkühlen lassen. Dann schneidest du sie der Länge nach durch und bestreichst sie mit dem Kräuter-Frischkäse.

Schon gewusst? Curry ist eine Gewürzmischung mit Kurkuma, gemahlenen Koriandersamen, Paprika, Kreuzkümmel und noch einigen anderen Gewürzen. Dieses exotische Gewürz ist genau richtig für weitgereiste Piraten.

Für 4–6 Piraten (15–20 Stück)
Zubereitungszeit: 1 Stunde 30 Minuten

FISCH-KANONENBÄLLE MIT KNOBLAUCHDIP

Für die Fischbällchen

3 Zweige Petersilie
500 g Fischfilet ohne Haut und Gräten
Salz, Pfeffer
2 EL Zitronensaft
1 Ei (mittlere Größe)
75 g Semmelbrösel
100 g gemahlene Mandeln
3 EL Sonnenblumenöl

Für den Dip

1 Knoblauchzehe
50 g Mayonnaise
100 g stichfester Joghurt

So geht's:

1. Zupfe die Petersilienblättchen ab und hacke sie grob. Spüle das Fischfilet mit kaltem Wasser ab. Schneide es in grobe Würfel und gib es zusammen mit der Petersilie in ein hohes Gefäß. Püriere alles mit dem Mixstab zu Mus. Fülle das Mus in eine Schüssel um und gib Salz, Pfeffer, 1 EL Zitronensaft, Ei, Semmelbrösel und Mandeln dazu. Knete alles gut mit den Händen durch.

2. Aus dieser Masse rollst du mit feuchten Händen 25 »Kanonenbälle«. Dann erhitzt du in einer großen beschichteten Pfanne 3 EL Sonnenblumenöl und brätst die Bällchen rundherum bei mittlerer Temperatur 6–8 Minuten.

3. Für den Dip schälst du den Knoblauch und hackst ihn fein. In einer Schüssel Knoblauch, Mayonnaise, Joghurt, Salz, 1 EL Zitronensaft und Pfeffer mischen.

Schokoladen-Goldsteine

Für 20 Stück
Zubereitungszeit: 1 Stunde, plus 2–3 Stunden Kühlen

75 ml Milch
200 g weiße Kuvertüre
50 g gemahlene Mandeln
100 g Kokosflocken
50 g kleine goldene Perlen (Zuckerdekor)

So geht's:

1. Erhitze die Milch und ziehe dann den Topf vom Herd. Brich die Kuvertüre in Stücke und lass sie in der Milch schmelzen. Nun fügst du die Mandeln und die Kokosflocken hinzu. Die Masse im Kühlschrank abkühlen lassen (das dauert 2–3 Stunden, am besten machst du das schon am Tag vor der Party).

2. Die Goldperlen auf einen Teller streuen. Rolle nun mit den Händen aus der Schokomasse Kugeln und wälze sie in den Goldperlen. Und jetzt ran an den Schatz!!

Für 10 Stück
Zubereitungszeit: 2 Stunden

Für die Kekse

200 g weiche Butter
100 g Zucker
1 Prise Salz
4 Eier (mittlere Größe)
abgeriebene Schale von
1 unbehandelten Zitrone
240 g Weizenmehl (Type 405)
1 TL Backpulver

Für die Creme

5 TL Himbeergelee
260 g Mascarpone
100 g Puderzucker
130 g Crème fraîche

Für die Dekoration

10 schokolierte
Haselnüsse
Nuss-Nougat-Creme
für die Augen

Spritzbeutel mit
Loch und Sterntülle
1 Holzspieß

QUASSEL-MUSCHELN

So geht's:

1. Heize den Backofen auf 175 Grad (Umluft 150 Grad) vor und belege zwei Backbleche mit Backpapier. Schlage für den Teig Butter, Zucker und 1 Prise Salz mit den Quirlen des Mixers 5 Minuten schaumig. Dann die Eier einzeln darunterschlagen. Zum Schluss rührst du Zitronenschale, Mehl und Backpulver unter den Teig.

2. Fülle den Teig in einen Spritzbeutel ohne Tülle und spritze auf die beiden Bleche je 10 Teigtupfen. Beide Bleche in den Ofen schieben und die Kekse 12–15 Minuten backen. Die Bleche mit Backhandschuhen aus dem Ofen nehmen und die Kekse abkühlen lassen.

3. In der Zwischenzeit erwärmst du das Himbeergelee in einem Topf. Verrühre Mascarpone, Puderzucker, das warme Himbeergelee und die Crème fraîche mit den Quirlen des Mixers zu einer dick schaumigen Masse.

4. Fülle die Creme in einen Spritzbeutel mit Sterntülle. Spritze auf 10 der Kekse einen dicken Klecks Creme und füge je 1 Schoko-Haselnuss als Perle hinzu. Setze jeweils einen zweiten Keks als Deckel darauf. Nun mithilfe eines Holzspießes mit der Nuss-Nougat-Creme jeweils 2 Punkte als Augen auf die Kekse tupfen.

MEERWASSER-BRAUSE

Für 4–6 Piraten
Zubereitungszeit: 30 Minuten

6 EL Blue-Curaçao-Sirup (gibt es im Supermarkt)
5 EL Zitronensaft
2 Flaschen Mineralwasser

4–6 kleine Flaschen

So geht's:

Blue-Curaçao-Sirup, Zitronensaft und Mineralwasser in einen Topf geben und gut verrühren. Dann füllst du die Brause mithilfe eines Trichters und einer Schöpfkelle in die Flaschen.

Spielvorschläge für echte Piraten: Armdrücken, Tauziehen, auf einem Holzbein hüpfen

Piratenhut

Für einen tollen Piratenhut brauchst du:

schwarzen Bastelkarton (50 x 70 cm)
Bleistift
Lineal
Schere
Klebstoff oder Klebestift
Tacker
Transparentpapier
weißen Bastelfilz oder dickes Papier

Übertrage die Hut-Vorlage nach der blauen Schablone zweimal auf den schwarzen Karton und schneide die Teile aus. Klebe sie an den Enden so weit zusammen (siehe Zeichnung), dass der Hut gut auf deinen Kopf passt. Damit es gut hält, tackerst du die Teile noch an jeder Seite einmal zusammen, da wo später der Hut am Kopf sitzt. Nun paust du den Totenkopf und die Knochen durch, überträgst sie auf den weißen Filz, schneidest die Teile aus und klebst sie auf deinen Hut. Ahoi, Pirat!

↑KLEBEN

Partyschiffe als Tischdekoration

Dafür brauchst du:

kopierte Landkarten oder blauen Karton (A4)
Schaschlikspieße aus Holz, auf ca. 13 cm gekürzt
Zwirn
Maskingtape
Schere
Nadel

Du faltest aus den kopierten Landkarten oder dem Karton ein Schiff. Dann ziehst du den Boden des Schiffchens so weit auseinander, dass es gut steht. In die Spitze piekst du einen Schaschlikstab als Mast. Schneide etwa 40 cm Zwirn ab. Klebe einen Streifen Maskingtape doppelt um die Mastspitze als Flagge. Dabei befestigst du gleichzeitig die Mitte des Zwirnfadens oben am Mast (siehe Skizze). Die Fadenenden klebst du mit Tape an die Schiffspitzen, sodass der Faden fast gespannt ist. An den Faden klebst du mit dem Tape je 2–3 Flaggen, die du dann zu kleinen spitzen Wimpeln schneidest. Aus der großen Flagge am Mast schneidest du ein Dreieck heraus. Wenn du magst, kannst du die Spitzen mit dem Fingernagel so biegen, dass sie richtig im Wind zu flattern scheinen.

HIER GESPIEGELT NOCHMAL ANSETZEN

HALLOWEEN

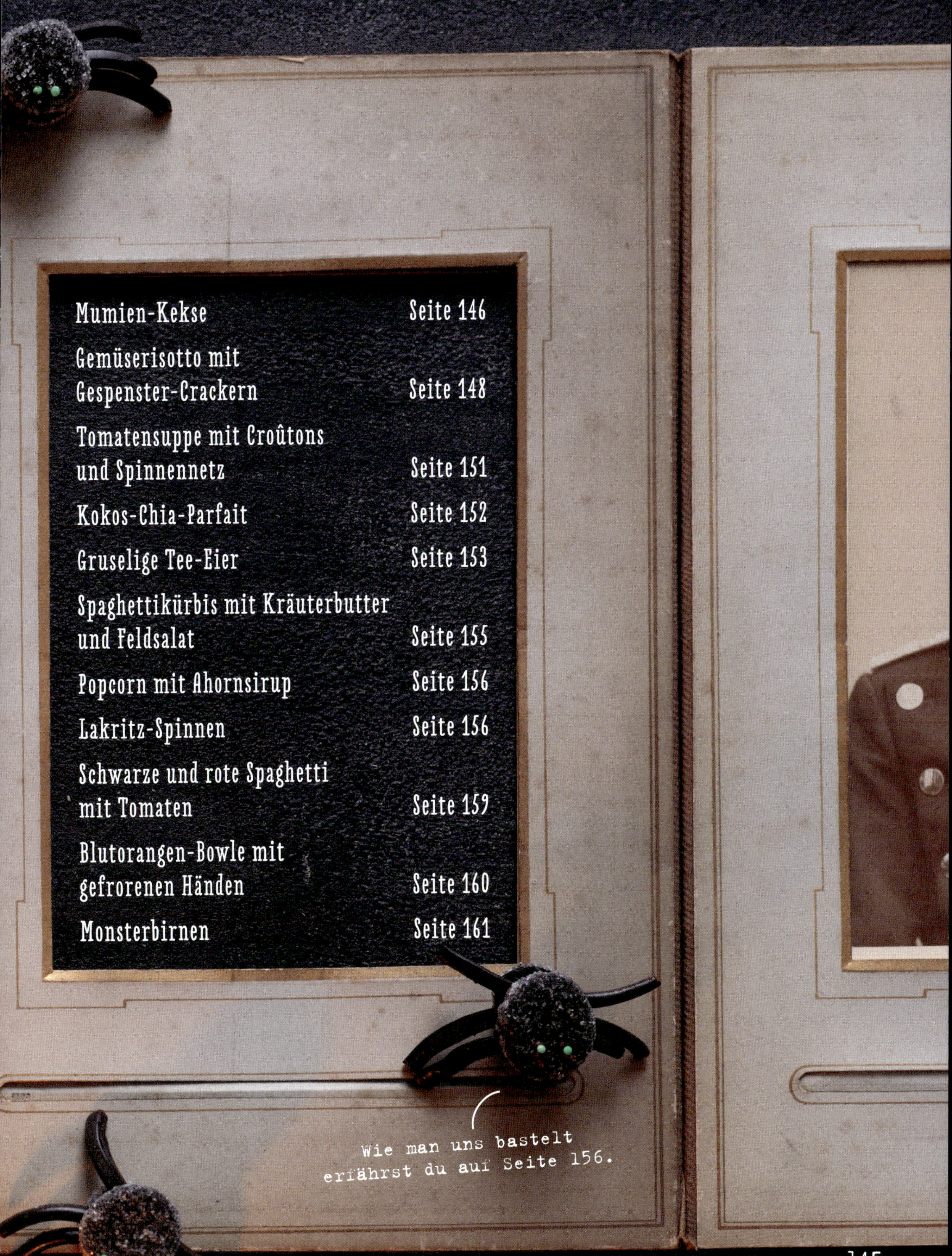

Wie man uns bastelt erfährst du auf Seite 156.

MUMIEN-KEKSE

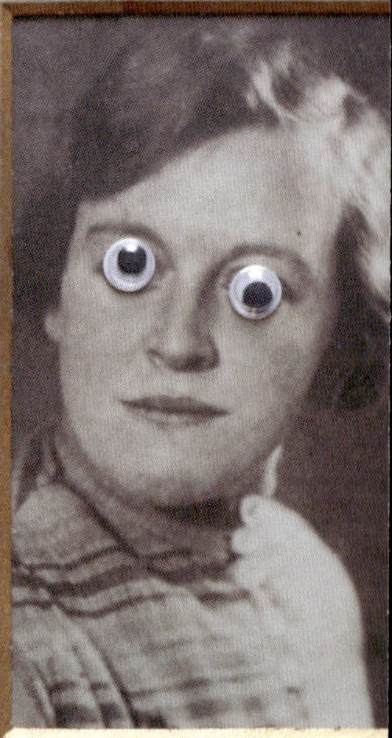

So geht's:

1. Für den Mürbeteig verknetest du Mehl, Butter, Ei und Zucker mit den Knethaken des Mixers. Den Teig in Frischhaltefolie wickeln und 30 Minuten kühl stellen.

2. Den Teig auf der mit Mehl bestreuten Arbeitsfläche mit einem Nudelholz ausrollen. Daraus stichst du mit der offenen Seite eines Bechers (ca. 9 cm Durchmesser) 10 Kreise aus. Ein Backblech mit Backpapier belegen und die Teigkreise daraufgeben. Nun bestreichst du sie mit je 1 Teelöffel Himbeerkonfitüre.

3. Den restlichen Teig verknetest du nochmal und rollst ihn wieder aus. Schneide daraus Teigstreifen. Diese Streifen setzt du als »Bandagen« auf die Kekse und schneidest sie so zurecht, dass sie auf den runden Keks passen. Forme aus dem Teig je 2 Augen und setze sie ebenfalls darauf.

4. Heize den Backofen auf 180 Grad (Umluft 160 Grad) vor und backe die Mumien-Kekse 20 Minuten. Das Backblech mit Backhandschuhen aus dem Ofen nehmen und die Kekse abkühlen lassen.

5. Für den Guss verrührst du Puderzucker und Zitronensaft. Verteile den Guss mit einem kleinen Löffel auf den »Bandagen«. Gib auf die Augen je einen Klecks Guss und setze auf jedes zum Schluss eine Zuckerperle.

Für 10 Stück
Zubereitungszeit:
1 Stunde 10 Minuten,
plus 30 Minuten Kühlen
und 20 Minuten Backen

Für die Kekse
250 g Weizenmehl
(Type 405)
125 g Butter
1 Ei (mittlere Größe)
50 g Zucker
50 g Himbeer- oder
andere Konfitüre
Mehl für die
Arbeitsfläche

Für den Guss
75 g Puderzucker
2 TL Zitronensaft

20 Zuckerperlen,
für die Dekoration

GEMÜSE-RISOTTO MIT GESPENSTER-CRACKERN

So geht's:

1. Für die Gespenster-Cracker reibst du den Parmesan auf der feinen Seite der Küchenreibe. Mische den geriebenen Parmesan mit dem Mehl. Belege ein Backblech mit Backpapier. Verteile die Parmesanmischung so auf dem Blech, dass sechs Gespenster-Figuren entstehen. In den Parmesan machst du Löcher für Mund und Augen.

2. Heize den Backofen auf 180 Grad (Umluft 160 Grad) vor. Das Blech in den heißen Ofen schieben und die Cracker 10 Minuten backen. Das Blech mit Backhandschuhen aus dem Ofen nehmen und die Cracker abkühlen lassen.

3. Für den Risotto 1,2 l Wasser und das Gemüsebrühepulver in einen Topf geben und erhitzen. Schäle die Zwiebel und würfle sie fein. Schäle den Knoblauch und schneide ihn in dünne Scheiben.

4. Erhitze das Öl in einem zweiten Topf, dünste darin die Zwiebel, den Risottoreis und den Knoblauch kurz an. Gib dann die Hälfte der heißen Brühe dazu und lass den Risotto bei niedriger Temperatur zugedeckt 20 Minuten köcheln. Halbiere die beiden Paprika und schneide sie in kleine Würfel. Zerteile den Brokkoli in kleine Röschen. Die Petersilienblätter abzupfen und fein hacken. Nach 20 Minuten Kochzeit gibst du das Gemüse und die restliche Brühe zum Risotto und lässt ihn weitere 10 Minuten köcheln. Den Risotto mit Salz, Pfeffer und Muskatnuss würzen. Auf Teller verteilen und die Gespenster-Cracker dazugeben.

Für 4–6 Personen
Zubereitungszeit: 1 Stunde
30 Minuten

Für die Gespenster-Cracker
100 g Parmesan
1 EL Weizenmehl

Für den Gemüse-Risotto
2 TL Gemüsebrühepulver
(Bioqualität)
1 Zwiebel
2 Knoblauchzehen
2 EL Olivenöl
300 g Risottoreis
1 rote und 1 gelbe Paprikaschote
1 Kopf Brokkoli
1 Bund Petersilie
Salz, Pfeffer
frisch geriebene Muskatnuss

Wilt du machen ein gůt mus
Ein fladen
Eine krapfen

Tomatensuppe mit Croûtons und Spinnennetz

Für 4–6 Personen
Zubereitungszeit: 1 Stunde

Für die Suppe
1 Knoblauchzehe
1 Zwiebel
2 Zweige Rosmarin (oder 1 TL getrockneter Rosmarin)
4 EL Olivenöl
500 ml passierte Tomaten
120 g Schlagsahne
1 Prise Zucker
Salz, Pfeffer

Für die Croûtons
100 g Vollkorn-Toastbrot
1 TL gemahlenes Paprikapulver

Für das Spinnennetz
30 g Crème fraîche
2 EL Schlagsahne

So geht's:

1. Für die Suppe den Knoblauch schälen und in Scheiben schneiden, die Zwiebel schälen und grob würfeln. Die Rosmarinnadeln abzupfen und fein hacken.

2. Erhitze 2 EL Olivenöl in einem Topf und dünste Zwiebel, Knoblauch und Rosmarin an. Nun fügst du die passierten Tomaten und 100 g Sahne hinzu. Schmecke die Suppe mit Zucker, Salz und Pfeffer ab und lass sie zugedeckt 15 Minuten kochen (den Deckel braucht es, weil es sonst zu sehr spritzt).

3. Für die Croûtons schneidest du das Brot in feine Würfel. Nun erhitzt du die restlichen 2 EL Öl in einer Pfanne und röstest die Croûtons rundherum an. Würze sie mit Salz und Paprikapulver.

4. Für das Spinnennetz verrührst du die Crème fraîche mit der Sahne. Fülle die Suppe in tiefe Teller und zeichne mit einem kleinen Löffel ein Spinnennetz darauf. Einige Croûtons dazugeben. Guten Appetit!

KOKOS-CHIA-PARFAIT

Für 6 Stück
Zubereitungszeit: 1 Stunde,
plus 45 Minuten Quellen
und 2 Stunden Gefrieren

800 ml Kokosmilch
150 g Zucker
130 g Chiasamen
100 ml Holunder-Fruchtsauce
oder Himbeersauce

So geht's:

1. Erhitze 100 ml Kokosmilch mit dem Zucker und koche die Mischung einmal auf. Verrühre in einer Schüssel die restliche Kokosmilch mit den Chiasamen und der warmen Kokosmilch. Das Ganze 45 Minuten stehen und quellen lassen.

2. Dann füllst du die Creme in 6 kleine Förmchen und frierst sie für 2 Stunden ein.

3. Nimm die Förmchen aus dem Gefrierfach. Fülle eine kleine Schüssel mit heißem Wasser und tauche die Förmchen einmal kurz hinein (dann löst sich das Parfait besser aus den Förmchen). Zum Servieren übergießt du die Parfaits mit der Fruchtsauce.

GRUSELIGE TEE-EIER

Für 6 Stück
Zubereitungszeit: 45 Minuten,
plus 12 Stunden Ziehenlassen

6 Eier
2 Teebeutel Schwarztee
1 Zimtstange
2 TL Pfefferkörner
2 Scheiben Ingwer
1 TL Zucker
2 TL getrocknete Orangenschale

So geht's:

1. Koche die Eier mit Schale 3 Minuten. Die Eier herausnehmen (das Wasser bleibt im Topf) und mit kaltem Wasser abschrecken. Du schlägst die Schale rundherum vorsichtig an, sodass Risse entstehen und die Haut unter der Schale nicht beschädigt wird. Nicht schälen!

2. Du legst die Eier zurück in den Topf in das Kochwasser und fügst alle weiteren Zutaten hinzu. Alles aufkochen und dann 40 Minuten bei niedriger Hitze köcheln lassen. Nun müssen die Eier zugedeckt für 12 Stunden in den Kühlschrank.

3. Wenn du sie dann herausnimmst und die Schale abpellst, sind sie schön gruselig marmoriert und schmecken sehr besonders.

Der Spaghettikürbis heißt so, weil seine dünnen Fasern so aussehen wie Spaghetti.

SPAGHETTIKÜRBIS MIT KRÄUTERBUTTER UND FELDSALAT

Für 6 Personen
Zubereitungszeit: 2 Stunden

1 Spaghettikürbis
2 EL Olivenöl

Für die Kräuterbutter
1 Bund glatte Petersilie
1 Bund Schnittlauch
100 g weiche Butter
Salz
1 TL Paprikapulver

Für den Feldsalat
250 g Feldsalat
1 EL Zitronensaft
2 EL Olivenöl
1 EL Ahornsirup
200 g Kirschtomaten

So geht's:

1. Heize den Backofen auf 180 Grad (Umluft 160 Grad) vor. Halbiere den Spaghettikürbis (Achtung, das ist etwas schwierig, am besten lässt du dir von einem Erwachsenen helfen) und entferne die Kerne mithilfe eines Löffels. Verteile das Olivenöl auf einem Backblech und setze die Kürbishälften mit der Schnittfläche nach unten auf das Blech. Backe den Kürbis 45 Minuten im vorgeheizten Backofen.

2. In der Zwischenzeit die Kräuterbutter zubereiten: Hacke dafür die Kräuter fein. Rühre die Butter in einer Schüssel mit den Quirlen des Mixers schaumig. Füge die Kräuter hinzu und würze die Butter mit Salz und Paprikapulver.

3. Wasche den Salat und lass ihn über einem Sieb abtropfen. Verrühre für das Dressing den Zitronensaft, das Olivenöl, etwas Salz und den Ahornsirup. Die Tomaten halbierst du. Das Dressing mit dem Salat und den Tomaten mischen.

4. Wenn der Kürbis fertig gegart ist, das Blech mit Backhandschuhen aus dem Ofen nehmen. Das Kürbisfleisch mit einer Gabel aus der Schale nehmen, dabei löst es sich wie Spaghetti auf. Etwas Kräuterbutter dazugeben und mit dem Salat anrichten.

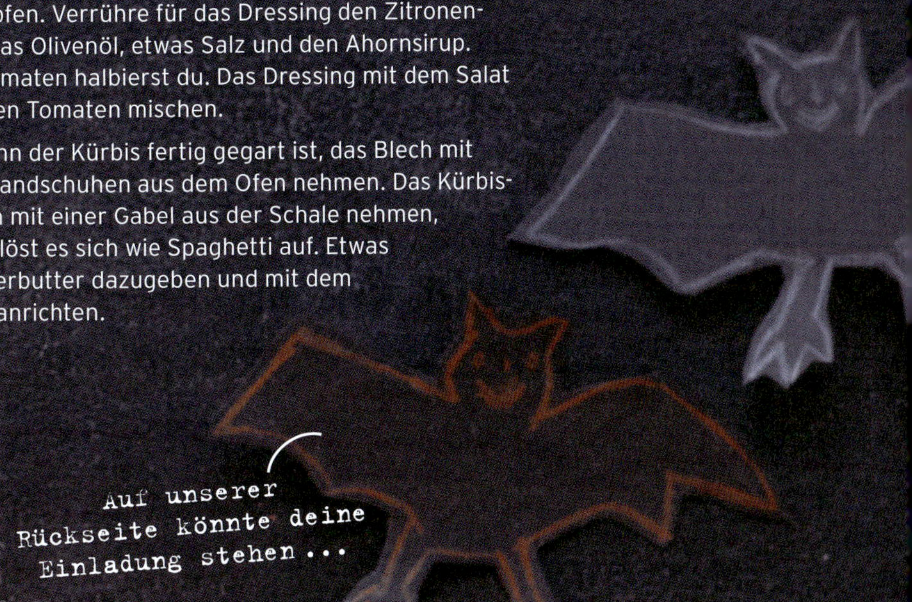

POPCORN MIT AHORNSIRUP

Für 4–6 Personen
Zubereitungszeit: 25 Minuten

30 g Popcorn-Mais
1 EL Sonnenblumenöl
5 EL Ahornsirup

So geht´s:

Du füllst den Mais und das Öl in einen großen Topf, setzt einen Deckel darauf und erhitzt den Topf. Den Topf immer wieder schütteln. Aber, Achtung, den Deckel immer darauflassen! Nach einiger Zeit platzen die Popcorn-Körner auf und du hast am Ende einen ganzen Topf voll Popcorn. Den Topf vom Herd nehmen und das Popcorn mit dem Ahornsirup vermischen.

LAKRITZ-SPINNEN

Für 8 Stück
Zubereitungszeit: 20 Minuten

8 Lakritz-Gelees
2 Lakritzschnecken
30 g Puderzucker
½ TL Zitronensaft
16 kleine Zuckerperlen als Augen

So geht´s:

Halbiere die Lakritz-Gelees einmal quer. Schneide aus den Lakritzschnecken 2 cm große »Beine«. Setze nun je vier Beine zwischen die Geleehälften und drücke sie zusammen. Verrühre den Puderzucker mit einigen Spritzern Zitronensaft. Mit der Puderzuckermischung setzt du zwei Punkte als Augen auf die Spinnen und legst zwei Zuckerperlen als Augen darauf. Fertig.

Schwarze und rote Spaghetti mit Tomaten

Für 4–6 Personen
Zubereitungszeit: 45 Minuten

650 g gelbe und rote Kirschtomaten
2 Knoblauchzehen
1 Zwiebel
3 Zweige Thymian
4 EL Olivenöl
Salz
500 g schwarze und rote Spaghetti (die bekommst du im italienischen Fachgeschäft oder im Internet)
75 g Parmesan am Stück

So geht's:

1. Wasche die Tomaten. Schäle den Knoblauch und schneide ihn in dünne Scheiben. Die Zwiebel schälst du und schneidest sie in feine Würfel. Die Thymianblättchen abzupfen und fein hacken. Erhitze 2 EL Olivenöl in einer Pfanne und dünste Knoblauch, Zwiebel, Thymian und Tomaten an.

2. Koche die Spaghetti in einem großen Topf mit kochendem Salzwasser 12 Minuten. Gieße sie ab, gib sie zurück in den Topf und vermische sie mit den restlichen 2 EL Olivenöl.

3. Reibe den Parmesan auf der feinen Seite der Küchenreibe. Vermische die Spaghetti mit den Tomaten und bestreue sie mit dem Parmesan.

BLUTORANGEN-BOWLE MIT GEFRORENEN HÄNDEN

Für 6 Drinks
Zubereitungszeit: 25 Minuten, plus 5 Stunden Gefrieren

1 ½ l Blutorangensaft (frisch gepresst aus 15 Blutorangen oder fertig gekauft)

6 Einweg-Handschuhe (ungepudert)

So geht's:

1. Für die gefrorenen Hände füllst du die Handschuhe mit kaltem Wasser, knotest sie mit einem Band gut zu und lässt sie mindestens 5 Stunden gefrieren.

2. Löse dann die Eishände vorsichtig aus den Handschuhen und fülle den Blutorangensaft zusammen mit den gefrorenen Händen in ein Bowlegefäß. Huhuuu, schön kalt trinken und sich schön gruseln ...

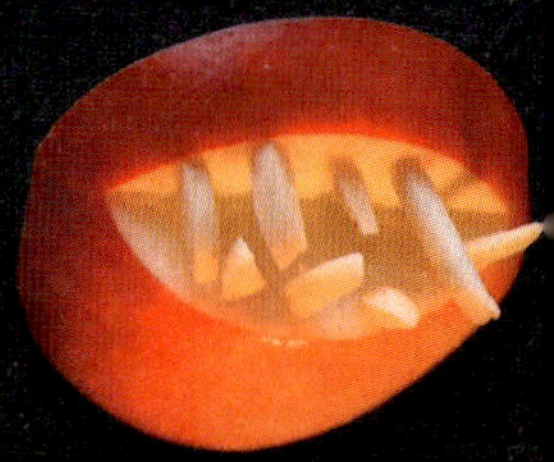

MONSTER-BIRNEN

Für 6 Stück
Zubereitungszeit: 20 Minuten

6 kleine Birnen
2 EL Zitronensaft
30 g Puderzucker
30 g Mandelsplitter
8 Mini-Smarties
8 Silberperlen

So geht's:

Du schneidest in die Birnen 2 Löcher für die Augen und eines als Mund. Bepinsle alle Schnittflächen mit Zitronensaft, damit sie nicht braun werden. Verrühre den Puderzucker mit ein paar Tropfen Zitronensaft. Drücke die Mandelsplitter als Zähne ins Gebiss und klebe die Smarties und die Silberperlen als Augen mit dem Zuckerguss auf.

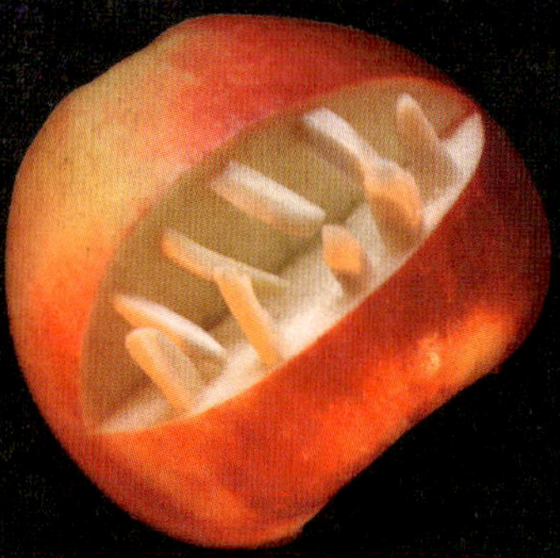

Geisterschloss

Dafür brauchst du:
1 rechteckigen Karton
(z. B. Cornflakes-Packung)
2 Getränkekartons
schwarze Lack- oder Plakafarbe und
1 dicken Pinsel
Bastelskalpell oder spitze Schere
Laternenpapier
Klebstoff
batteriebetriebene Teelichter
oder Lichterketten

Du schneidest den rechteckigen Karton oben ab und dann die Kante zu einer Zackenlinie, wie bei einer Burgmauer. Von den Getränkekartons schneidest du den Boden ab. Dann bemalst du alle Kartons mit schwarzer Farbe (die Burgmauer auch von innen) und lässt sie gut trocknen. Mit der Schere oder dem Skalpell (Achtung, Verletzungsgefahr!) schneidest du kleine Fenster und Türen in die Burg, so wie es dir gefällt. Dahinter klebst du Laternenpapier. Nun stellst du noch die elektrische Beleuchtung in und unter die Kartons und schon leuchtet dein Geisterschloss so richtig gespenstisch ...

Leuchtmumien

Dafür brauchst du:
saubere Gläser (z. B. Joghurt-
oder Marmeladengläser)
Mullbinden
Klebstoff
Wackelaugen
Teelichter

Umwickle die Gläser mit Mullbinden und befestige das lose Ende mit Klebstoff. Klebe die Wackelaugen darauf und setze je 1 Teelicht hinein.
Fertig sind die Leuchtmumien!

Geschenke aus der Küche

Für Tante
Lotte

Mini -
gelhupf

Mini-Mohn-Gugelhupfe

Für 18 Stück
Zubereitungszeit: 45 Minuten, plus 15 Minuten Backen

85 g weiche Butter
85 g brauner Zucker
75 g Marzipan
2 Eier (mittlere Größe)
1 unbehandelte Orange
85 g Weizenmehl (Type 405)
20 g Speisestärke
2 TL Backpulver
30 g gemahlene Mandeln
10 g gemahlener Mohn
1 Prise Salz

1 Mini-Gugelhupfbackform aus Silikon (aus dem Fachgeschäft oder im Internet zu bestellen)

So geht's:

1. Schneide die Butter in Würfel. Schlage Butter, Zucker und Marzipan in einer Schüssel mit den Schneebesen des Mixers, bis die Masse weiß und schaumig ist. Nun gibst du nacheinander die Eier dazu. Reibe die Hälfte der Orangenschale ab (den Saft kannst du auspressen und so trinken). Mische in einer Schüssel Mehl, Speisestärke, Backpulver, gemahlene Mandeln, Mohn und 1 Prise Salz.

2. Heize den Backofen auf 180 Grad (Umluft 160 Grad) vor. Vermische nun alle Zutaten gut und verteile den Teig auf die 18 Mulden der Gugelhupfbackform.

3. Die Backform in den Ofen schieben und die Mini-Gugelhupfe 15 Minuten backen. Danach nimmst du sie mit Backhandschuhen aus dem Ofen und lässt sie abkühlen. Die Gugelhupfe aus den Förmchen lösen und frisch gebacken genießen.

Schokoladenriegel

Für 12 Riegel
Zubereitungszeit: 45 Minuten, plus 1 Stunde Auskühlen

120 g Vollmilch-Kuvertüre
20 g gehobelte Mandeln
2 EL Gojibeeren (oder Cranberrys)
1 EL getrocknete Blüten (die gibt es im Teeladen)

1 Riegel-Backform aus Silikon für 12 Riegel (jeweils 8 x 3 cm)

So geht's:

1. Erhitze Wasser in einem Topf. Brich die Kuvertüre in Stücke und gib sie in eine Edelstahlschüssel. Setze die Schüssel auf den Topf mit dem heißen Wasser und lass die Schokolade langsam schmelzen.

2. Wenn die Schokolade fertig geschmolzen ist, füllst du sie in die Förmchen. Bestreue die Schokolade nun mit Mandeln, Gojibeeren und Blüten.

3. Dann lässt du die Schokoriegel kalt werden und füllst sie in selbstgebastelte Schachteln zum Verschenken. Du kannst sie auch in Butterbrotpapier wickeln.

Die Anleitung für diese Schachtel findest du auf Seite 174.

Chia-Knäckebrot

Für 20 Knäckebrote
Zubereitungszeit: 1 Stunde
20 Minuten, plus 10 Minuten Backen

350 g Dinkelvollkornmehl
125 g Dinkelflocken
50 g Leinsamen
2 TL Backpulver
50 g Chiasamen
50 g Sesamsamen
1 TL Salz
500 ml kaltes Wasser
50 g Sonnenblumenkerne
Mehl für die Arbeitsfläche
etwas Öl zum Bestreichen

So geht's:

1. Verknete 30 g Leinsamen, Dinkelvollkornmehl, Backpulver, Dinkelflocken, 50 g Chiasamen, 40 g Sesamsamen, 500 ml kaltes Wasser, 1 TL Salz und 30 g Sonnenblumenkerne mit den Knethaken des Mixers zu einem glatten Teig. Den Teig 1 Stunde quellen lassen.

2. Belege zwei Backbleche mit Backpapier. Jetzt rollst du den Teig in mehreren Etappen auf einer bemehlten Arbeitsfläche aus. Stich mit einer runden Schale von 10 cm Durchmesser Kreise aus dem Teig aus und schneide mithilfe eines kleinen Löffels in die Mitte jeweils ein kleines Loch. Bestreiche das Knäckebrot mit einem Pinsel hauchdünn mit Öl. Mixe die restlichen 20 g Leinsamen, 10 g Sesamsamen und 20 g Sonnenblumenkerne. Bestreue die Knäckebrote mit dem Kernmix.

3. Heize den Backofen auf 200 Grad (Umluft 180 Grad) vor und backe die Knäckebrote 10 Minuten. Die Bleche mit Backhandschuhen aus dem Ofen nehmen und die Knäckebrote abkühlen lassen.
Verpacke die Knäckebrote in schönem Papier und verschenke sie an Menschen, die du magst.

Die Anleitung für diese Tüte
findest du auf Seite 175.

Kokos - Konfekt
von Josefine

Weiße Pistazien-Mandel-Schnitten

Für 15 Stück
Zubereitungszeit: 45 Minuten, plus 1 Stunde Kühlen

180 ml Kokosmilch
150 g Zucker
400 g weiße Schokolade
75 g Pistazien
100 g gemahlene Mandeln
100 g Kokosraspel
20 g Gojibeeren (oder Cranberrys)

So geht's:

1. Koche die Kokosmilch und den Zucker in einem Topf auf. Rühre nun die weiße Schokolade ein und lass sie schmelzen. Pistazien, Mandeln, Kokosraspel und Gojibeeren dazugeben.
2. Verteile die Schokomasse auf einer mit Backpapier belegten Platte und lass sie abkühlen. Schneide sie dann in 15 Schnitten.

Schachtel für die Blütenschokolade

Dafür brauchst du:
weißes Aufkleberpapier
Zickzackschere
schwarzen Filzstift
Zirkel oder Teller von ca. 20 cm Durchmesser
festen weißen Karton
Schere
Paketschnur
Backpapier
Bleistift

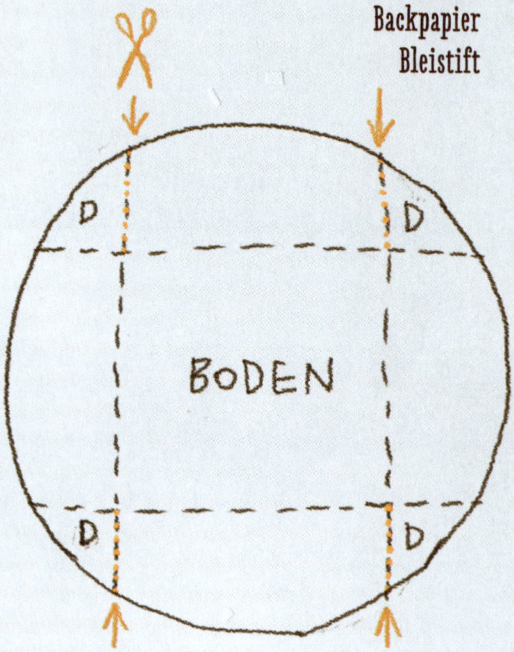

Male ein Etikett auf das Klebepapier (rund oder oval, ca. 7 cm groß) und schneide es mit der Zickzackschere aus. Beschrifte den Aufkleber.
Zeichne mithilfe von Teller oder Zirkel einen Kreis von 20 cm Durchmesser auf den weißen Karton und schneide ihn mit der Zickzackschere aus. Dann faltest du die Seiten jeweils bis zur Mitte und wieder auseinander (siehe gestrichelte Linie auf der Zeichnung), sodass in der Mitte ein Quadrat zu sehen ist; dies ist der Boden deiner Schachtel. Schneide nun von oben und unten den Kreis entlang der gepunkteten Linien mit der normalen Schere bis zu den Ecken des Quadrats ein. Nun klappst du alle Ränder nach oben, die kleinen entstandenen Dreiecke (D) faltest du von den Seiten um den oberen und unteren Rand der Schachtel. Um das Ganze zusammenzuhalten, zweimal mit Schnur umwickeln und verknoten. Am besten hilft dir dabei jemand, der die Schachtel so lange zusammenhält. Nun aus dem Backpapier ein 20 x 20 cm großes Quadrat schneiden und in die Schachtel legen. Nun kannst du die Schokolade hineingeben, die Ecken des Papiers über der Schokolade zusammenraffen und das Papier mit dem selbstgemalten Aufkleber verkleben.

Tüte für Knäckebrot

Dafür brauchst du:
weißes Aufkleberpapier
Bleistift
Lineal
Schere
Packpapier
Klebestift
Butterbrotpapier

Male auf das Kleberpapier ein Etikett in Streifenform (ca. 15 cm lang) und schneide es aus. Schneide aus dem Packpapier ein Quadrat von etwa 45 x 45 cm Größe. Falte die untere Ecke auf die obere Ecke, sodass ein Dreieck entsteht (siehe Skizze 1). Lege das Lineal von der Spitze des Dreiecks bis zur unteren Kante und markiere bei zirka 18 cm einen kleinen Punkt (2). Falte nun die Spitze des Dreiecks bis zu diesem Punkt nach unten (3). Falte das Dreieck wieder auf. Nun faltest du die Seitenflügel jeweils an der oberen Falzlinie entlang (4), die Spitze landet dabei auf der jeweils gegenüberliegenden Papierkante (5). Die obere Papierschicht des oberen doppelten Dreiecks legst du über die gefalteten Ecken nach unten und fixierst sie mit dem Klebestift (6). Jetzt kannst du das Knäckebrot in Butterbrotpapier wickeln, in die Tüte stecken und die Tüte mit dem Label verschließen.

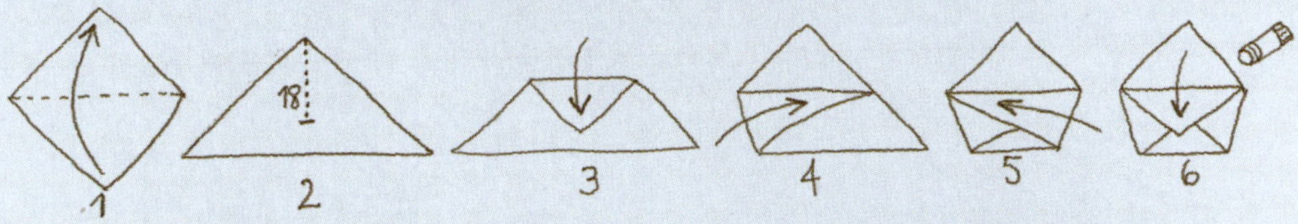

Säckchen für Salz

Dafür brauchst du:
Leinenstoff in Grau oder Weiß
Maßband
Schere
Stecknadeln
Sticknadel und -garn
Bleistift
Nähnadel und Zwirn
Plastik- oder Zellophantütchen, ca. 10 cm breit
hübsches Band zum Verschließen

Schneide aus dem Stoff einen langen Streifen, zirka 10 cm breit und 30 cm lang. Lege ihn mittig zusammen, sodass du einen doppelt gelegten Streifen von 10 x 15 cm erhältst. Markiere den Falz mit einer Stecknadel. Falte den Streifen wieder auf und besticke ihn auf einer Hälfte mit Wörtern deiner Wahl, wenn nötig malst du dir die Buchstaben ganz zart mit einem Bleistift vor. Nun faltest du den Streifen wieder an der Stecknadelmarkierung, aber so, dass der Schriftzug innen liegt, und nähst die Seiten zusammen (eventuell darfst du Mamas Nähmaschine benutzen?). Kremple nun das Säckchen um, sodass der Schriftzug wieder richtig zu sehen ist. Jetzt kannst du das Salz in Plastiktütchen füllen, in das Säckchen stecken und mit einem hübschen Band verschließen.

Eingelegter Fetakäse

Für 1 Glas von 400 ml Inhalt
Zubereitungszeit: 25 Minuten, plus 2–3 Tage Ziehenlassen

400 g Fetakäse
1 Zweig Rosmarin
1 EL rosa Pfefferbeeren
250 ml Olivenöl

1 großes Einmachglas

So geht's:

Schneide den Fetakäse in Würfel. Gib den Fetakäse in ein großes Einmachglas, füge den Rosmarin und die rosa Pfefferbeeren hinzu. Dann mit dem Olivenöl aufgießen und das Glas gut verschließen. Den Käse 2–3 Tage ziehen lassen.

eingelegter
Feta

Für 10 Geschenkportionen
Zubereitungszeit: 25 Minuten

Thymian-Zitronen-Salz

1 unbehandelte Zitrone
3 TL getrockneter Thymian
1 kg grobes Meersalz

10 Zellophantüten oder
10 kleine Gläser mit
Schraubverschluss

So geht's:

Reibe die Zitronenschale auf der feinen Seite der Küchenreibe ab (den Zitronensaft kannst du für etwas anderes benutzen). Vermische Thymian, Zitronenschale und Salz. Fülle je 100 g davon in 10 Zellophantüten oder Gläser und verschenke das Thymian-Zitronen-Salz an liebe Menschen.

Für 2 Gläser
Zubereitungszeit: 30 Minuten

Honigsenf

150 g helle Senfkörner
50 g braune Senfkörner
300 ml Balsamicoessig
100 ml Wasser
80 g Honig
4 TL Salz

2 verschließbare Gläser

So geht's:

1. Mahle die beiden Sorten Senfkörner im Mixer fein. Mische alle anderen Zutaten dazu und mixe einmal alles gut durch.

2. Den Senf über Nacht offen stehen lassen. Am nächsten Tag schmeckt der Senf richtig scharf. Fülle den Senf nun in die Gläser ab.

Die Anleitung für diese Säckchen findest du auf Seite 175.

Die etwas andere Schleife

Für diese hübsche Paketdekoration brauchst du:
2 verschiedene schmale Geschenkbänder
buntgemustertes oder einfarbiges Papier
Schere
Klebstoff

Um ein bereits verpacktes Geschenk wickelst du ein Stück Geschenkband und verknotest es auf der Rückseite. Nun schneidest du einen Kreis aus dem Papier aus. Von der zweiten Sorte Band schneidest du 2 kurze Stückchen ab, die du über Kreuz auf der Rückseite des Kreises festklebst. Diese etwas andere Schleife klebst du nun mittig über das Geschenkband, wie auf dem Foto zu sehen.

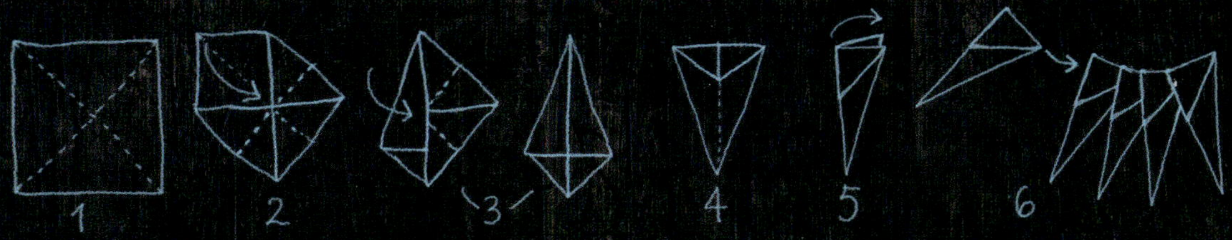

Origamistern

An deine Geschenke aus der Küche kannst du noch einen selbstgefalteten Stern hängen.

12–14 quadratische dünne Papiere, 10 x 10 cm (du kannst fertig geschnittenes Origamipapier nehmen, oder du schneidest die Quadrate selbst aus Geschenkpapier oder Zeitung zu)
Nadel
ein hübscher Faden und eventuell eine Perle zum Aufhängen
eventuell Klebstoff

Falte die Ecken des Papiers aufeinander und wieder auseinander, sodass ein Kreuz entsteht (siehe Zeichnung 1). Nun faltest du alle 4 Ecken auf den Mittelpunkt (2). Falte dann die linke und danach die rechte Ecke bis zur Mittellinie, sodass ein kleiner Drachen entsteht (3). Den Drachen umdrehen und die obere Spitze nach unten falten (4). Nun das Ganze auf der Mittellinie zusammenfalten, sodass das kleine Dreieck der Drachenspitze außen zu sehen ist (5). Fertig ist eine Zacke des Sterns.
Mit den nächsten Quadraten gehst du genauso vor und steckst eins nach dem anderen an dem kleinen Dreieck ineinander (6), bis ein geschlossener Stern entsteht. Wenn nötig, die Zacken mit Klebstoff verbinden, damit es ganz festhält. Mit der Nadel den Faden durch die Spitze einer Zacke ziehen (vielleicht fädelst du noch eine Perle mit auf?) und die langen Enden verknoten.

Rezeptverzeichnis

Liebe kleine und große Partyköche,

wir hoffen, ihr habt durch dieses Buch viele tolle Anregungen für eine großartige Party bekommen und seid nach ganz viel Feiern glückselig zufrieden und natürlich satt!

Falls ihr noch ein klitzekleines bisschen Energie übrig habt, könnt ihr uns gerne Fotos von euch, euren Kocherfolgen, den rauschenden Festen oder auch einfach nur eure Meinung schicken. Wir freuen uns wie immer sehr über jede Post.

info@claudiaseifert.de
hallo@gesasander.de
info@juliahoersch.de
nelly.mager@gmx.de

Herzlichen Dank an unsere kleinen und großen Partylöwen:

Adele, Adrian, Alba, Arthur, Ben, Bosse, Carla, Charlotte, Cordt, Finn, Fukiko, Helena, Johanne Benedektine, Joon, Lavinia, Letizia, Lina, Lotte, Lucy, Mareike, Marie, Martha, Mats, Mia, Milla, Mino, Mira, Nikolas, Ole, Paul W., Paul H., Philip, Rahim, Rosa, Saron, Sofia, Theo, Yoshiko und an das Team des AT Verlages.

Die Autorinnen

Claudia Seifert arbeitet als Kochbuchautorin und Foodstylistin in Hamburg. Mit Begeisterung verwebt sie Spiel und Lebensfreude mit dem eigenen Kochen und Kreieren von Essen. Dieses Kinderkochbuch ist eine Einladung an alle Kinder, zusammen zu kochen und zu backen, Feste zu feiern und gemeinsam zu genießen.

Gesa Sander arbeitet als freie Illustratorin und Grafikerin in Hamburg. Sie hat die Fotostrecken mit entwickelt, Texte geschrieben, illustriert und am Ende alles zu diesem Buch zusammengefügt. Gern erinnert sie sich an all die Geburtstagsmorgen, an denen ihre Kinder die Kerzen auf den Lieblingskuchen ausgepustet haben. Inzwischen gestaltet Gesa auch Kochbücher für Erwachsene.

Julia Hoersch arbeitet in Hamburg als freie Fotografin im Bereich Food und Interior/Living für renommierte Zeitschriften und Buchverlage. Ihre beiden Kinder sind inzwischen aus dem »Kinder-Party-Alter« hinausgewachsen – umso mehr Spaß hat es ihr gemacht, auf echten Piratenschiffen, im Gewächshaus oder auf dem Bolzplatz mit unseren kleinen Partylöwen feiern zu dürfen. Zu den Planeten ging's aber aus Kostengründen nur im Studio ;-).

Nelly Mager ist freie Stylistin für verschiedene Verlage in den Bereichen Dekoration/Living und Food in Hamburg. Ihre großen Kinder kochen und backen schon selbstständig aus den Kinderkochbüchern. Die Kleinste steht noch an ihrem Holzherd daneben und rührt in den Töpfen. Nellys Kinder und Freunde der Kinder waren tolle Partyhelden und haben sich geduldig von ihr in alle möglichen Kostüme stecken lassen.